Für Marie

Ute Vogell wurde in Nordhessen geboren, arbeitete lange Zeit in Oldenburg (Old) und lebt nun mit ihrem Mann in Südhessen.
Als Lehrertochter wurde sie früh zum Lesen motiviert und sie hat schon immer gern Geschichten erfunden. Dennoch fühlte sie sich nicht zur Autorin berufen, sondern zur Deutschlehrerin. Nach ihrer Pensionierung widmet sie sich ihrem Hobby, dem Reisen. Damit ihr nicht langweilig wird, engagiert sie sich ehrenamtlich und schreibt Romane für Kinder und Erwachsene, teilweise unter dem Autorennamen Ulla Wokkel.

www.utevogell.de

Stefan Bachmann arbeitet seit 2006 als freiberuflicher Illustrator und lebt zusammen mit seiner Frau und seinen beiden Kindern in Wiesbaden.

www.bachmann-illustration.de

Ute Vogell

bloggen für N.

Bibliografische Information der Deutschen Nationalbibliothek:
Die Deutsche Nationalbibliothek verzeichnet diese Publikation
in der Deutschen Nationalbibliografie; detaillierte bibliografische Daten sind im Internet über http://dnb.dnb.de abrufbar.

TWENTYSIX
Eine Marke der Books on Demand GmbH

Herstellung und Verlag:
BoD – Books on Demand, Norderstedt

ISBN: 978-3- 740784065

Illustration und Umschlaggestaltung:
Stefan Bachmann, Wiesbaden

Inhalt

Teil 1

1 Mehr als ein Unfall

Als der Schrei ertönte, drückte er automatisch die Hand-
bremsen und trat gleichzeitig fest gegen das Rückpedal.
Sein Rad schlingerte, und er musste viel Kraft aufwen-
den, um nicht zu stürzen.
Durch eine Wand von grau-kaltem Regen versuchte er
sich zu orientieren. Etwa zwanzig Meter rechts vor ihm
schwankte etwas außerhalb des Fahrradwegs.
Ein dumpfer Schlag – ein Reifen krachte gegen einen
Steinbrocken, und eine helle Mädchengestalt flog über
einen Lenker.
Sofort ließ er sein Rad fallen und joggte los. Immer wieder versuchte er vergeblich, seine Augen frei zu reiben.
Wo war sie? Nur mühsam fanden seine Turnschuhe Halt
auf dem Boden, und als er sie endlich erblickte, lag sie
mit ausgestrecktem Armen leblos auf dem Bauch unter
einem Strauch.
Vorsichtig drehte er sie um. Ihre Augen waren geschlos-
sen, aber sie atmete. Er legte sein Ohr an ihre Nase. Ja,
sie atmete.
Was war los? Seine Hände tasteten über ihr Gesicht zum
Kopf. Er fühlte eine warme, klebrige Flüssigkeit.
Blut? Woher?
Sanft schob er die Kapuze ihres Regenumhangs vom Kopf
und fühlte weiter. Ein Kopftuch. Er schob es zurück. Das
Tuch musste weg.
Ein Schwall braungelockter Haare fiel in seine Hand.
Warme, weiche Haare. Unwillkürlich streichelten seine
Hände immer wieder darüber. „Wach auf, Nahi", mur-

melte er, „wach auf!" Sein Mund näherte sich dem
Haargewusel, als eine Hand ihn grob zurückstieß.
„Spinnst du? Was soll das? Sie braucht Hilfe!"
NaNes Augen funkelten drohend. „ Ruf sofort den Not-
arzt!"
Und während NaNe die Freundin professionell in eine
stabile Seitenlage brachte, wählten Tobis zitternde Finger
die 112.

***

Das Telefon klingelte. Und irgendeine Melodie ertönte.
Ununterbrochen. Gefühlte zweihundert Mal.
Egal. Niemand sollte sie stören.
Ev stülpte sich ein weiteres Kissen auf die Bettdecke, die
sie sich schon seit vorgestern über die Ohren gezogen
hatte.
Regen. Grau. Trauer. Trauer. Grau. Regen.
Nein. Auch nach zwei Tagen würde sie nicht in die
schreckliche Wirklichkeit zurückkehren.
Morning has broken …
Ihr Handy-Klingelton. Warum hatte sie sich diese Melodie
nur ausgesucht?
Das stimmte nicht. Nicht sie hatte diese Idee. Sondern
Mama.
Morning has broken,
like the first morning …
Also war es gar nicht das Telefon, das den höllischen
Krach verursachte.
Oder doch? Ja, das Telefon läutete weiter – ein normales
Klingeling, obwohl sie mit einem Fußtritt versucht hatte,
es zum Schweigen zu bringen.
Und auch die einfühlsame Melodie stoppte nicht.
Praise for the morning,

praise for the singing...
Das Handy auf ihrem Kopfkissen.

Automatisch griff Evs linke Hand danach, drückte den Annahmeknopf und ohne es zu wollen, hauchte ihre Stimme die Frage: „Mama?"

„Mama? Wieso denn Mama? Ich bin´s!"

Es war NaNe, obwohl ein Blick auf das Display den Namen „Tobi" anzeigte.

Was war passiert?

„Ich dachte, wenn ich mich von Tobis Handy melde, gehst du ran. Wenn du mich schon nicht annimmst. Was ist los mit dir?" Die Stimme der Freundin klang ungewöhnlich schrill. Untypisch für NaNe.

Unwillkürlich schob Ev die vielen Decken beiseite und setzte sich wider Willen auf. „Nichts Besonderes", murmelte sie.

Doch NaNes Redefluss stoppte nicht. „Egal!" Sie klang sichtlich erregt. „Hör zu, du musst heute Nachmittag unsere S4N-Sitzung leiten. Ich schaffe es beim besten Willen nicht rechtzeitig. Du musst nur die Tagesordnung durchgehen. Kein Problem. Du kennst sie. Die Entscheidungen setzen wir später zusammen um. "

Ev sackte in sich zusammen und suchte nach ihren Decken und Kissen, um sich wieder zu verkriechen.

„Ich – ich kann nicht. Das weißt du, NaNe. Ich kann einfach nicht!"

„Unsinn. Du kannst es. Viel mehr Menschen als du haben schlimmere persönliche Probleme. Auch mit ihrer eigenen Mutter!"

„Nein", flüsterte Ev, aber NaNe fuhr unerbittlich fort:

„Du bist das Herz und der Kopf von ´Bloggen for Nature´. Keiner weiß mehr als du. Also wirst du wohl auch eine einzige Sitzung leiten können."

„Ja, aber …"

„Kein Aber. Du musst!"

Diese strikte Anordnung der besten Freundin machte Ev rebellisch. Echt! Wieso musste sie? Sie hatte wirklich genug private Probleme - und das wusste NaNe ganz genau!

Am anderen Ende der Leitung verstand NaNe, dass sie Erklärungen geben musste, und seufzte. Denn diese harten Fakten hätte sie ihrer Freundin gern erspart.

„Ich – es tut mir leid, Ev. Aber Nahi hatte einen schweren Fahrradunfall. Sie ist bewusstlos. Wir sind im Krankenhaus. Tobi, Nahi und ich. Jemand muss hierbleiben und alles erklären. Besonders ihren Eltern. Und Tobi ist einfach unfähig."

Aus lauter Überraschung setzte Ev sich wieder auf. Was war das? Fahrradunfall von Nahi? Unfähiger Tobi? Unmöglich! Das gemeinsame Idol unfähig? Beinahe hätte sie trotzig ins Telefon gelacht.

Doch dann hörte sie die gepresste Stimme NaNes.

„Oh nein, da sind ihre Eltern schon an der Rezeption. Vergiss den Fahrradunfall. Wir müssen uns etwas anderes überlegen. Ich weiß auch noch nicht …"

NaNes Stimme driftete ins Off.

Ev saß nun kerzengrade auf ihrem Bett. „Was ist passiert? Was genau? Sag es mir, NaNe!"

Doch NaNe atmete nur kurz und heftig ins Telefon.

„Keine Zeit. Später. Bitte, Ev, sag, dass du die Sitzung leitest."

Ev nickte, aber irgendwie schien NaNe es verstanden zu haben.

„Danke. Ich schicke dir Tobi zur Unterstützung. Er benimmt sich hier sowieso nur wie ein Vollidiot. Er ist unmöglich."

Und nach einer kurzen Überlegung fügte sie hinzu: „Mach es einfach so wie ich. Und im Zweifel verlass dich auf Daniel. Er kennt sich aus! – Hilfe, die Eltern kommen!"
Dann legte NaNe auf.

***

Vor ihrem Gang ins Bad horchte Ev intensiv. Kein Geräusch im Haus. Also war Papa nicht da. Instinktiv schüttelte Ev sich bei diesem Gedanken, dann analysierte sie, was sie gestört hatte, und strich die Wörter Papa und Vater aus ihrem Wortschatz. Sie lauschte noch einmal. Nein, wirklich keine Geräusche. Gut so. Also war auch diese Person … . Sie blendete den Gedanken aus.

Anschließend ließ sie sich intensiv lauwarmes Duschwasser über den Körper laufen. Nicht heiß, das hätte die Poren zu stark geöffnet und Blut aus den Gehirn gezogen. Sie musste nachdenken. Über das ungewöhnliche Verhalten der Freundin.
Normalerweise hätte NaNe alles daran gesetzt, die Sitzungen ihrer Schulgruppe von „SchoolsforNature" zu leiten. Und Ev war damit einverstanden, obwohl sie die Vorbereitungen immer zusammen machten und obwohl Ev zusätzlich die Artikel für den Blog schrieb und auch die Fragen und Kommentare beantwortete.
Aber sie konnte nicht reden. Sie war einfach zu schüchtern. Es war eine Qual, öffentlich aufzutreten; schon beim Gedanken an ein Publikum stellten sich ihre Nackenhaare auf.
Und insofern waren sie und NaNe das ideale Team: Ev leistete die Arbeit im Hintergrund und NaNe präsentierte die Ergebnisse öffentlich.

„Hallo, ich bin Naomi-Nele Bargholm. Naomi Nele: NaNe mit zwei großen Ns. In Erinnerung an meine Großmütter. Oma Naomi kommt aus Finnland und Oma Nele aus Friesland. Beides sind Gegenden mit viel Natur. Und voller Leute, die viel über Natur wissen. Meine beiden Großmütter haben mich schon früh für naturwissenschaftliche Zusammenhänge interessiert. Und deshalb arbeite ich jetzt bei ´SchoolsforNature mit´. Heute ist unser Thema…“.

So begann NaNe oft ihre Vorträge. Dann kam meist Fachwissen in einfacher Form. Mit viel jugendlichem Charme. Und mit vielen Ideen für öffentliche Aktionen.

Warum nicht heute?

Offensichtlich hatte es einen Unfall gegeben.

Nahi war schwer verletzt.

Immer wieder schüttelte Ev ihren Kopf. Verzweifelt.

Nicht Nahi. Das durfte einfach nicht sein. Ein Fahrradunfall! Wie sollte man das Nahis Eltern erklären?

Ev fühlte sich schuldig. Natürlich hatten NaNe und sie immer wieder Nahi geraten, auch gegen den Willen ihrer Eltern Dinge zu tun, die normal in Deutschland waren.

„Ihr sollt und ihr wollt euch in Deutschland integrieren. Also gehört auch dazu, dass Mädchen hier Fahrrad fahren.“

Das Rad war über eine ehrenamtliche Flüchtlingshelfer-Organisation schnell organisiert. Und nach ein paar Übungsstunden mit den Freundinnen war Nahi völlig sicher.

Wieso heute nicht?

Natürlich das unmögliche Wetter, vermutete Ev.

Aber was war mit Tobi? Wieso war er überhaupt bei der Mädchen-Fahrradtour anwesend? Und wieso war er plötzlich ein Vollidiot?

***

Beladen mit Notizen und Schnellheftern kam Ev im Büro
der Schülervertretung an.

Trotzdem fühlte sie sich vollkommen unvollkommen.

Sie war nun mal eine Null. Wie sollte sie die Sitzung meistern?

Mach es einfach so wie ich!

NaNe hatte gut reden.

Sie, Ev, konnte ja nicht allen Ernstes so anfangen: „Hallo,
ich bin Eva-Maria Mensing; Eva-Maria: mit großem E und
großem M, nach den biblischen Figuren von Eva und Maria. Denn ich stamme aus einem christlichen Elternhaus.
Meine Mutter arbeitet an einer evangelischen Privatschule und mein Vater in einem katholischen Krankenhaus. Wir achten die christlichen Regeln."

Hahaha - genau! Gerade das sechste Gebot war ihrem
Vater total egal.

Glücklicherweise war es der letzte Schulnachmittag vor
den Osterferien. Offensichtlich hatten sich schon viele in
den Urlaub verabschiedet; und erleichtert musterte Ev
die wenigen Verbliebenen.

Elisa und Tom aus ihrer eigenen Klasse hockten in der
hinteren Reihe, winkten ihr kurz zu und blickten weiter
auf ihre Handys.

Vor ihnen saß ein Händchen haltendes Paar aus der
Neunten. Sie schauten sich tief in die Augen und schienen sie gar nicht zu bemerken.

Daniel lümmelte auf der Fensterbank und redete auf drei
Achtklässlerinnen ein, die ihm aber nur halb ihre Aufmerksamkeit widmeten; immer wieder starrten sie zur
Tür. Seine blonden Haare waren frisch gewaschen und

fielen ihm tief in die Stirn; sein Kinn versteckte er in einem schwarz-weiß-roten Eintracht-Frankfurt-Schal. Das helle Braun eines Pickelstifts war auf verschiedene Stellen seines Gesichtes verteilt. Also litt er wieder mal unter einer Akne-Attacke!

Wider Willen musste Ev grinsen – sie selbst hatte so viele Macken, dass sie sofort durchschaute, wenn andere Menschen versuchten, ihre Probleme zu vertuschen. Denn eigentlich war Daniel hübsch; seine Augen waren nicht einfach nur blau, sondern klar wie Eis und hatten einen dunkelblauen Rand. Ev kannte diese Färbung nur von Schlittenhunden. Und Daniel konnte ausgesprochen nett und freundlich sein, wenn er einen guten Tag hatte. Leider geschah das nicht allzu oft. Meist war er launisch und unberechenbar.

Als Ev sich auf NaNes Platz setzte, schaute er sie vorwurfsvoll an.

„Was machst du da? Das sitzt NaNe", sagte er bestimmt und rutschte von der Fensterbank.

„NaNe kann heute nicht, deshalb leite ich die Sitzung." Ev versuchte ihrer Stimme einen festen Klang zu geben. Nur jetzt keine Unsicherheit zeigen! Das würde noch fehlen, dass Daniel in gereizter Stimmung ihr vorhielte, sie könne NaNe nicht ersetzen. Natürlich konnte sie es nicht. Das wusste sie selbst.

Daniel kam auf sie zu, und hinter ihm folgten die Achtklässlerinnen. Als sich Daniels Mund öffnete, sackte Ev in sich zusammen. Gleich würde er ihr Vorwürfe machen. Wie sollte sie das hier alles schaffen? Doch Daniels Augen blickten besorgt: „Was ist los? Was ist mit NaNe?"

„Ich... ich weiß nicht. Eh ... sie will nicht ... nein, sie kann nicht...".

Ev fand sich selbst jämmerlich. Warum konnte sie keinen klaren Satz sagen? Ihr Blick fiel auf den Haufen Material, das sie mitgebracht hatte und auf einen Artikel über die Folgen der Erderwärmung, den sie selbst geschrieben hatte. *Du bist nicht nur jämmerlich*, dachte sie. *Das alles hier ist außerdem lächerlich. Stell dir einen geschriebenen Satz vor!*

Sie konzentrierte sich stark und bildete sich dabei einen Teleprompter ein, der ihre geschriebene Antwort präsentierte:

„NaNe ist im Krankenhaus, in der Notfallaufnahme. Keine Sorge; ihr selbst ist nichts passiert. Aber sie muss sich um eine Freundin kümmern. Sie hat mich gebeten, die Sitzung zu leiten. Und sie bittet dich, Daniel, mir dabei zu helfen."

Super. Mehrere vollständige Sätze hatten ihren Mund verlassen.

Fassungslos starrte Daniel sie an. „Du bist sicher: NaNe ist okay? Ihr ist nichts passiert?"

Langsam wandte Ev ihren Blick vom Teleprompter ab. Sie blickte direkt in Daniels eisblaue Augen und flüsterte: „Ja, sie klang am Telefon ziemlich normal. Nur in Sorge um die Freundin."

Sie machte eine kurze Pause. „Hilfst du mir jetzt?"

Daniel strich sich kurz die Haare aus der Stirn, zog den Schal ein bisschen höher und nickte.

Evs Herz pochte drei schnelle frohe Schläge, doch sie ließ es sich nicht anmerken. Stattdessen nickte sie (hoffentlich) professionell, wies den Platz neben sich Daniel zu und räusperte sich: „Okay. Hiermit begrüße ich alle Anwesenden. Auch in NaNes Namen, die leider heute nicht den Vorsitz der Sitzung übernehmen kann."

Der Teleprompter in ihrem Kopf ließ sie ergänzen: „Was ihr sehr leid tut. Daniel ist so nett, mit mir zusammen heute die Sitzung zu leiten."

Wieder ein erstaunter Blick von Daniel und wieder sein kaum merkliches Nicken. Das machte sie so froh, dass sie spontan sagen konnte: „Ich trage euch jetzt die Tagesordnung vor. Danach könnt ihr Änderungsanträge stellen."

Aus der Ecke der Achtklässlerinnen kam ein Murmeln, das Ev sofort in Selbstzweifel stürzte. Hatte sie etwas falsch gemacht? Aber Daniel nickte ihr aufmunternd zu und flüsterte: „Vergiss sie. Sie sind nicht hier wegen Klimaschutz. Das ist bloß Tobis Fanclub."

Tobis Fanclub? Was war das? Sollten außer ihr und NaNe noch weitere Mädchen in Tobi verknallt sein? Sofort strich sie das Wort verknallt. Tobi .. hm .. interessant finden?

Als sich vorsichtig die Tür öffnete und ein dunkler Lockenkopf erschien, musste sie nicht weiter nachdenken. Die Achtklässlerinnen verwandelten sich in zur Tür blickende Statuen, die immerhin ahh und ohhh äußerten, kurz mit den Fingern ihre Frisuren in Form brachten und durch Aufeinanderpressen ihren Lippen mehr Rot entlockten. Doch als hinter dem Lockenkopf nicht Tobi auftauchte, sondern ein völlig unbekanntes Gesicht (*echt süß*, war Evs spontaner Eindruck), duckten sie sich schuldbewusst und lasen schnell in der Tagesordnung. Trotz ihrer Anspannung musste Ev grinsen.

Also hat Daniel Recht! Sie wollen nur Tobi, nicht Klimaschutz!

Der fremde Junge blieb an der Tür stehen. Vorsichtig. Als ob er jeden Moment flüchten wollte.

So alt wie wir, jedenfalls ungefähr, wahrscheinlich älter,
dachte Ev. *Er ist ja so dünn. Und seine Kleidung ist auch*
schon mindestens 10 Jahre alt!
In ihre fragenden Blicke sagte der Fremde betont laut:
„Ist hier **S**chools**fo**r**N**ature?"
Als alle nickten, lächelte er freundlich, aber scheu. „Ich
möchte dabei sein. Darf ich?"
Daniel war der erste, der sich fasste. Er deutete auf einen
freien Sitz neben Tom und Elisa und puffte Ev in die Sei-
te. Na klar, sie war die Vorsitzende, sie musste reagieren.
Komischerweise hatte sie kein Problem. Das sympathi-
sche Gesicht des Neuen ließen ihre Fragen nur so spru-
deln.
„Wie heißt du?" – „Noah."
„Woher kommst du?" – „Aus Russland."
„Seit wann bist du an unserer Schule?" – „Seit 1. März."
„Welche Klasse?" „10c!" Also besuchte er die Parallel-
klasse.
„Willst du uns etwas über dich erzählen?"
Nun redete der Junge mit den braunen Locken schnell. In
gutem verständlichen Deutsch, aber mit einem einerseits
harten, andererseits sehr melodischen Akzent. Er kam
aus einer deutsch-jüdischen Familie aus der ehemaligen
Sowjetunion. Seine Familie war als deutsche Spätaussied-
ler anerkannt. Und er wollte in der Schulgruppe S4N mit-
arbeiten, weil die Tundra auftaute. Und giftige Gase frei-
setzte. Aber das war es nicht allein. Er fand, die Deutschen kümmerten sich nicht genug: einerseits um die
Klimaveränderungen und andererseits um ihre ausländi-
schen Mitbürger.
„Denn nicht nur die Natur ist wichtig, sondern auch der
Mensch. Und wenn er noch so eigenartig ist!"

Klar! Unwillkürlich warfen sich Ev und Daniel Blicke zu. Darauf wollten sie später eingehen.

„Aber jetzt zu TOP 1!" Ev wunderte sich selbst, wie autoritativ sie klang.

Entsprechend der Tagesordnung präsentierte sie die letzten Klimadaten und die geplanten Aktivitäten direkt nach Ende der Osterferien. Es gab keine Gegenmeinungen, und Ev fiel ein Stein vom Herzen. Hatte sie sich selbst einfach zu viel Angst gemacht?

Gerade als sie ihren neuen Blog vorstellen wollte, erschien Tobi – käsebleich, verklebtes Haar, wirrer Blick. Er setzte er sich irgendwo hin.

Und das war: genau in die Gruppe der Achtklässlerinnen – seiner Fan-Gemeinde, wenn man Daniel glauben wollte. Zuerst hielten die Mädchen den Atem an, dann kicherten sie nervös und anschließend schoben sie sich gegenseitig in Tobis Richtung.

Der merkte nichts.

Er war zusammengesunken und verbarg seinen Kopf zwischen seinen Armen.

Ev und Daniel warfen sich besorgte Blicke zu. Im normalen Zustand mied Tobi Achtklässlerinnen. Was war passiert?

Ratlos zuckten sie die Achseln.

Danach hastete Ev durch den geplanten Blog und schloss schnell die Sitzung. Komischerweise brauchte sie dazu keinen Teleprompter im Kopf. Es klappte einfach so.

Die Achtklässlerinnen waren die ersten, die den Raum kopfschüttelnd verließen. Ihr großer Schwarm Tobi verhielt sich unheimlich.

Danach winkten Elisa und Tom ihnen zu: „Goodbye! Happy Easter! Wir sind in den Ferien hier, falls ihr uns braucht!"

Unerwarteter Weise hatte auch das Paar aus der Neunten etwas vom Geschehen mitbekommen und versicherte: „Wir auch! Wir sind für euch da!"
Übrig blieben nur Ev, Daniel, Tobi und der Neue.
Eigentlich war die Sitzung vorbei, aber Noah kam auf sein ursprüngliches Anliegen zurück:
„Ja, klar", sagte er. „Natur ist die eine Sache. Und eine ganz Wesentliche. Selbstverständlich. Aber was ist der anderen wichtigen Sache? Was ist mit Menschlichkeit? Mit Menschenrechten?"
Ev fühlte Unruhe in sich aufsteigen.
Nein, etwas anderes. Empörung. Wollte Noah sagen, ihre Gruppe sei unmenschlich, sie achte nicht die Menschenrechte? Unvorstellbar!
Als Sitzungsleiterin beschloss Ev nur sachlich zu handeln. Deshalb gab sie das Wort weiter an Daniel, denn Tobi hatte überhaupt nicht zugehört.
„Daniel – was meinst du?" Der nickte Noah zu.
„Absolut klar: Nicht nur die Natur ist wichtig, sondern auch der Mensch. Und besonders dann, wenn er seine Einzigartigkeit zeigt!"
Ev war überrascht. Eigentlich hätte sie Daniels Position wissen müssen, aber – was hatte sie in den letzten Wochen überhaupt wahrgenommen?
Sie schluckte. Hatte NaNe Recht? War sie zu sehr in ihren eigenen Problemen gefangen?
„Na klar", erklärte sie. „Der Mensch ist wichtig. Am wichtigsten sogar."
Dabei kamen ihr die Tränen, denn sie musste an ihre eigene Mutter denken. Sie war das Wichtigste überhaupt.
„Bloggen for Nature", flüsterte sie, „schließt natürlich den Menschen ein. Denn ohne sein natürliches und soziales Umfeld ist der Mensch nichts."

Dann schloss sie schnell die Sitzung zum zweiten Mal, und zu ihrer großen Überraschung umarmte Tobi sie knapp.

***

Wieder einmal konnte Ev nicht schlafen.
Es war nicht wegen Tobis Umarmung.
Leider.
Diese Erkenntnis überkam sie schnell. Im Gegensatz zu ihren Träumen hatten sich keine aufregenden Gefühle in ihr entwickelt. Schade! Sie hatte es sich in ihrer Fantasie anders vorgestellt.
Was dann?
War es die Sitzungsleitung?
Nein, wider Erwarten hatte auch die Sitzung sie nicht so beunruhigt, dass sie nicht schlafen konnte. Denn sie war einigermaßen glimpflich abgelaufen.
Was dann?
Irgendwie hatte es etwas mit Daniel zu tun.
Nicht mit seinem guten Aussehen, natürlich nicht.
Obwohl sie fand, dass sie sich demnächst mit NaNe darüber streiten musste, ob eigentlich Tobias oder Daniel besser aussah. Und wer intellektuell besser drauf war.
Noch war sie sich über ihre eigene Entscheidung nicht sicher; aber sie freute sich sehr auf den freundschaftlichen Austausch mit NaNe.
Aber jetzt musste sie alles erstmal für sich klären.
Worauf war sie angesprungen? Was hatte ihr Herz höher schlagen lassen?
Sie erinnerte sich an Daniels Satz: „Nicht nur die Natur ist wichtig, sondern auch der Mensch. Und besonders dann, wenn er seine Einzigartigkeit zeigt!"

Ev ließ sich diesen Satz mehrfach durch den Kopf gehen. Sie probte ihn sogar im Hin-und Hergehen. Dann stieß sie sich mehrmals mit der Faust der rechten Hand gegen die Stirn und murmelte: „Du Idiot! Was soll das? Das ist sowieso klar!"
Es war eine Binsenwahrheit.

Es war noch dunkel, als Ev erwachte. Ein Blick auf den Wecker zeigte 7.00 Uhr. Der Regen prasselte immer noch gegen das Fenster. Aber sie fühlte sich frisch; ihre Füße stiegen von allein aus dem Bett. Und das am ersten Ferientag!

Zuerst checkte sie die Geräusche im Haus.

Totenstille. Also war der Erzeuger nicht da.

Zum wiederholten Mal bedauerte sie, dass sie keine Geschwister hatte, denn dann wäre jetzt Leben im Haus. Aber – *no choice! What has passed, has passed.*

Danach durchsuchte sie ihre Emails und ihre Sprachnachrichten, sogar ihre WhatsApps, obwohl Mama nie für WhatsApp war.

Nichts, nichts, wieder nichts.

Was ihr blieb, war der handschriftliche Zettel, den Mama vor ein paar Tagen unter ihre Zimmertür geschoben hatte. *„Meine liebe Evi! Mach dir keine Sorgen. Ich brauche Luft. Also bin ich erstmal weg. Aber immer bei dir. In Gedanken. Du bist mein Schatz, bitte verstehe mich. Bis bald, deine Mama.“*

Wann war bald?

In diesem Moment blinkte eine neue Nachricht auf. Tobi. *„Mama wieder auf Dienstreise. Oma kommt. Du auch?? Wir würden uns freuen!“*

Zum ersten Mal seit Tagen freute sich auch Ev. Sie mochte Tobis Oma. Spontan textete sie zurück: *„Komme!!“*

∗∗∗

Natürlich hatten NaNe und ihre Mutter schon häufig gestritten. Aber so heftig wie heute beim Frühstück war es schon lange nicht gewesen. Erschöpft schob Mama ihren

Teller zurück und legte dann ihre Hand versöhnlich über NaNes.

„Was ist los, Naneli? Was bedrückt dich?"

Diese liebevolle Geste öffnete alle Schleusen in NaNes Tränenbezirk. „Meine Schuld… Nahis Fahrradunfall … ihre Eltern untröstlich und auch empört … Tobi… Idiot."

Mama seufzte. Dann machte sie sich daran, die Wortfetzen aufzudröseln. Dass Tobi ein Idiot war, ließ sich schnell erklären. Statt sofort Hilfe zu holen, hatte er Nahi … na ja … irgendwie hatte er Nahis Haar gestreichelt. Obwohl Nahi Muslimin war und ein deutscher Junge das eigentlich nicht durfte.

Mama hob erstaunt ihre Augenbrauen, aber sagte nichts.

„Und Nahis Eltern wollten natürlich nicht, dass sie Fahrrad fährt. Aber Ev und ich haben es ihr beigebracht. Und sie hatte Spaß!"

Fast trotzig schleuderte NaNe diesen Satz in Mamas Richtung, aber die schaute sie nur aufmerksam an.

„Und gestern nach der Schule – wir hatten nur die dritte Stunde, weil ja die Osterferien beginnen. Aber das wussten Nahis Eltern nicht. Tobi und ich wollten ihr einen Ostermarkt zeigen. Der in Hoddersheim hat schon gestern begonnen. Das sind nur zwei Kilometer. Also 4 km hin und zurück. Flache Wege. Das kann jeder schaffen!!"

Mama nickte. NaNe schnaufte durch. „Aber dann der Regen. Irgendwie ist sie geschlittert und gestürzt. Und Tobi war unfähig."

Ihre Mutter beschloss, an dieser Stelle nicht nachzufragen. Stattdessen sagte sie möglichst neutral: „Du hast also die Notfallnummer gewählt - und dann?"

Es stellte sich heraus, dass NaNe nicht nur den Einsatz des Notarztes organisiert, sondern auch im Krankenhaus den unfähigen Tobi weggeschickt hatte. Danach hatte sie alle ihre Energie daran gesetzt, dass Nahis Eltern nichts vom Fahrradfahren erfuhren. Leider vergeblich. Die Rettungssanitäter hatten ihnen das verbeulte Rad gezeigt.

„Sie haben es mit nach Hause genommen, Mama! Und wenn Nahi aus dem Krankenhaus entlassen wird, dann werden ihre Eltern … sie werden … dann …"

NaNes Stimme tröpfelte aus.

Verständnisvoll nickte Mama. „Okay", sagte sie. „Wenn Nahi nach Hause kommt, sind wir auch da. Besuch. Und es ist DEIN Fahrrad. Ihr seid zu Fuß gegangen, und du hast dein Rad geschoben. Du bist gestolpert und ausgerutscht. Nahi wollte dir helfen. Und dann…".

Mama musste nachdenken. „Ja, und dann kam ein Auto. Es hat Nahi gestreift und ist über dein Fahrrad gefahren, das auf der Straße lag. Also daher die Beulen am Rad. Und natürlich könnt ihr euch an mehr nicht erinnern."

Mama nickte sich zufrieden selbst zu.

Und NaNe fand zum tausendsten Mal, dass Mama mit ihrer Fantasie Romane schreiben sollte. Aber das sagte sie nicht. Sie schmiegte sich in Mamas Arm und flüsterte: „Danke." Mama küsste ihre Stirn.

Viel später schrieb NaNe eine Mail an Ev: „Tut mir leid - die Aussage über die Mütter, die immer Probleme machen. Stimmt nicht. Es gibt auch andere."

Zwei Minuten später löschte sie die Nachricht wieder, für alle.

Sie schämte sich. Wie konnte sie mit ihrer eigenen Mama angeben, während Evs Mutter verschwunden war?

***

„Nahi! Nahite, bitte! Bitte schau mich an!"

Dieser Ton klang in Nahis Unterbewusstsein. Ein Flehen. Eine liebe Stimme. Mit Schwierigkeiten öffnete sie ihre Augen. Dann sah sie ihn.

„Tobi!" Ihr Herz klopfte stärker. Seine Augen sahen sie sorgenvoll an. Aber zärtlich strich seine rechte Hand über ihre Wangen.

„Ich bin so froh! Du lebst!" Doch als er im Hintergrund Geräusche hörte, machte er sich sofort klein. „Ich muss weg. Pass auf dich auf. Und gib mir ein Zeichen, wenn du zu Hause bist."

Als die Krankenschwester an ihr Bett trat, gab es keine Spur mehr von Tobi. Und Nahi selbst wusste nicht, ob sie geträumt hatte.

Doch dann stieß sie sich an etwas Hartem auf ihrem Kopfkissen. Ein Stein. Nein, nicht irgendein Stein. Glatt. Halbmondartige Form. Ein roter Streifen in der Mitte. Tobis Talisman.

***

Kurz vor Tobis Haus checkte Ev ihre Mails nochmal. Es regnete immer noch, und sie zog sich das fein gewebte Tuch, das Nahi ihr geschenkt hatte, tiefer in die Stirn. Leider gab es nichts Neues. Noch immer keine Nachricht von Mama. Allerdings war da eine gelöschte Mail. Aber die stammte nicht von Mama. Sondern von NaNe.

Tobi öffnete die Tür, und im dämmrigen Korridor stieß sie beinahe mit einer Frau im Alter ihrer Mutter zusammen, die aber viel sportlicher als Mama wirkte und moderner gekleidet war. Auch trug sie Makeup.

Tobis Mutter. Sie war in Eile, und ihr Blick streifte Ev nur kurz.

„Ach, das Kopftuchmädchen!"

Ev machte sich unwillkürlich klein, denn sie meinte einen spöttischen Ton zu hören.

„Hör zu", hastig zog Tobis Mutter ihren widerstrebenden Sohn an sich, „natürlich habe ich nichts gegen Kopftuchmädchen. Das weißt du. Aber momentan bist du einfach zu jung. Konzentriere dich auf die Schule, das ist das Wichtigste. Versprochen?"

Verwirrt nickte Tobi, aber dann schüttelte er den Kopf und befreite sich aus den Armen seiner Mutter.

Draußen hupte ein Taxi. Erstaunt schaute seine Mutter ihn an, als er sie rau von sich stieß: „Du musst gehen. Wie immer. Reden können wir ja später. Auch wie immer. Aber nicht, wenn es wirklich nötig ist."

Er schob sie aus dem Eingang und schlug die Tür heftig hinter ihr zu. Ev meinte, in seinen Augen Tränen glitzern zu sehen.

Kurz hämmerte Tobis Mutter gegen die Tür. „Tobi, Schatz!", rief sie. „Ich hab dich lieb, das weißt du."

Das Taxi hupte.

„Du bist mir das Wichtigste. Aber jetzt muss ich weg! Bis bald, mein Großer! Bleib stark. Und notfalls kann Oma...".

Tobi hielt sich die Ohren zu, dann verstärkte sich das Motorengeräusch. Durch das Fenster neben der Haustür sah Ev, wie Tobis Mutter aus dem Taxi winkte. Tobi sah es nicht. Er hatte sich auf den Boden gesetzt und sein Gesicht in den Händen vergraben.

Wieder griffen kalte Gespensterfinger nach Ev, drückten ihr zuerst den Hals und dann das Herz ab. Wie vor fünf Tagen, als Mama und sie im Schlafzimmer die Geräusche gehört hatten. Ev fühlte Panik in sich aufsteigen.

„Hallo Eva-Maria, schön dich zu sehen!"

Die einzige außer ihren Eltern, die sie bei ihrem wirklichen Namen nannte, war Tobis Oma, denn die hasste Abkürzungen.

Die Geisterfinger um Herz und Hals lockerten sich etwas und deshalb konnte Ev zum anderen Ende des Flurs schauen. Von dort winkte ihr Tobis Oma zwar zu, aber ihre Augen blieben auf ihren Enkel geheftet.

Sie nickte kurz, verstehend.

Seit wann steht sie da? Hat sie was mitbekommen? Hoffentlich nicht! Oder eigentlich: hoffentlich doch!

Ev merkte selbst, dass ihre Gedanken unlogisch waren. Einerseits wünschte sie, dass Tobis Oma nichts von seinem Kummer mitbekommen hätte. Aber andererseits ... Wenn jemand helfen konnte, dann sie!

Ev merkte, dass die Panik erzeugenden Finger verschwunden waren, und sie beschloss, so normal wie möglich zu handeln.

„Hallo Brigitte", sagte sie, „ auch schön dich wiederzusehen." Es fiel ihr leicht, einen freudigen Ton in ihre Stimme zu legen. Tobis Oma wollte beim Vornamen genannt werden und Ev fühlte sich ihr momentan sowieso ziemlich nah.

Sie spürte eine leichte Umarmung und schnupperte Brigittes Parfüm.

„Aber Kind, du bist ja ganz nass! Nun mal weg mit dem feuchten Zeug!"

Jetzt verhielt sich Brigitte wieder oma-mäßig. Aber schon im nächsten Moment fragte sich Ev, ob hier nicht eine Strategie verfolgt wurde. Denn als erstes griff Brigitte nach dem Kopftuch und sagte: „ Oh, das ist ja so schön wie die Tücher von Nahite. Hat sie es dir geschenkt?"

Als Ev nickte, stopfte Tobis Oma kurz entschlossen das nasse Tuch in Tobis Nacken. Sofort stand dieser auf und schüttelte sich. Bevor er sich beschweren konnte, fragte ihn seine Oma: „Wen meint Mama denn mit *Kopftuchmädchen*? Nahite? Oder Eva-Maria?"

Also hatte sie alles mitgekriegt. Irgendwie machte Ev das froh. Vielleicht kam man nun an Tobis Kummer heran?

***

Das Krankenhaus gab keine Auskunft. Denn NaNe war keine nahe Angehörige. Sie war ja nur die Freundin. Und außerdem minderjährig.

Was nun?

Sie konnte Nahis jüngere Schwester befragen, aber die hatte natürlich noch kein Handy.

Ihr Display zeigte ihr viele unbeantwortete Anrufe. Wieso? Ach ja, sie hatte im Krankenhaus alles auf lautlos gestellt. Wer hatte sie kontaktiert? Daniel … und … Daniel … und … Daniel … und … Elisa und … Daniel.

„Wer ist Daniel?" Mit Erstaunen sah ihre Mutter, wie NaNe leicht errötete. „Ach, nur ein Junge aus unserem S4N-Team."

„Okay", sagte Mama nachdenklich, „auch Nahi ist im Team. Vielleicht ist er ja froh, wenn er einem Teammitglied helfen kann. Er kann dich unterstützen herauszufinden, wann Nahi nach Hause kommt."

„Meinst du wirklich?" NaNes Stimme klang etwas gedrückt.

Mama meinte es wirklich.

Und Daniel war mehr als froh, Nahi zu helfen. So froh, dass NaNe ein Missbehagen spürte.

Erst als er zum vierten Mal fragte: „Und du selbst – du bist wirklich okay, NaNe? Wirklich? Bist du wirklich okay, NaNe?" Erst dann machte ihr Herz einen kleinen Hüpfer und das Missbehagen verdampfte einfach. Sie verabredeten sich in einer halben Stunde vor Nahis Wohnung.

***

Ev half Tobis Oma, Tee zu kochen und Kekse auf einem Teller dekorativ anzuordnen. Normalerweise war sie gegen Kekse – wegen der Figur. Aber nun merkte sie, dass sie zwei Tage lang nichts gegessen hatte. Kekse waren jetzt wirklich nützlich!

Beide warfen hin und wieder kurze Blicke durch die Tür ins Wohnzimmer, wo Tobi auf der Couch hockte und sein Handy konsultierte. „ Seine Mama? Oder Nahi?", flüsterte Ev. „Beide", flüsterte Tobis Oma zurück. „Und leider antwortet keine."

Sie zündete Kerzen an und legte sanfte klassische Musik auf. Weder Tobi noch Ev beschwerten sich. Jetzt galten Omas Regeln. Und außerdem – eigentlich war es ganz gemütlich.

Mitten in die Gemütlichkeit hinein wiederholte Tobis Oma scheinbar harmlos ihre Frage: „Wen hat Mama denn mit *Kopftuchmädchen* gemeint? Eva-Maria oder Nahite?"

Das wirkte. Tobi, der entgegen seinen Gewohnheiten völlig still gewesen war, bekam plötzlich Farbe ins Gesicht. „Sie ist **kein** Kopftuchmädchen. Sie ist klug und intelligent und herzlich. Sie ist **nicht** rückständig und unselbständig. Sie weiß mehr, als manches deutsche Mädchen!

Unauffällig lächelten Oma und Ev sich an. Das Eis war gebrochen.

„Was ist passiert?"

Omas Frage beantwortete Tobi mit einer genauen und zusammenhängenden Schilderung des Unfalls. Er geriet erst ins Stocken, als er beschrieb, wie er sie gefunden hatte. „Ihr Gesicht war voller Blut. Woher kam es? Das musste ich wissen. Ich … ich hab also ihr Kopftuch weggeschoben. Und dann …"

In Tobis Schweigen fragte Oma: „Und dann hast du die Kopfwunde entdeckt, Tobias?"

Er starrte ins Leere. „Nein, dann habe ich … dann habe ich …". Er heftete seinen Blick fest auf seine Oma, die ihm aufmunternd zunickte. „Dann habe ich ihre Haare gestreichelt. Ich … sie waren weich und warm und … ".

Er brach ab.

„Gut. Das hast du gut gemacht." Omas Stimme enthielt tausend Umarmungen.

Ev sagte nichts.

∗∗∗

Sie trafen sich vor dem etwas heruntergekommenen Hochhaus, in dem Nahi mit ihrer Familie wohnte. Das verbeulte Fahrrad war abgeschlossen und lehnte an der Wand neben der Haustür. Das alte Familienauto fehlte. NaNe hoffte inständig, dass beide Eltern damit unterwegs waren.

Daniel war blass, was die Clearasil-Flecken in seinem Gesicht besonders hervorstechen ließ. Normalerweise hätte sich NaNe daran gestört, aber nun ließen sie die Erleichterung und Wiedersehensfreude in Daniels Augen darüber hinwegsehen. Sie sprachen flüsternd eine Strategie ab, dann klingelten sie.

Nahis ein Jahr jüngerer Bruder Sefatullah und ihre kleine Schwester Maham öffneten; er hielt ein weinendes Baby auf dem Arm. Ohne Scheu begrüßte er NaNe: „Komm rein, Mama und Papa sind im Krankenhaus."

Als Daniel hinter NaNe auftauchte, weiteten sich seine Augen vor Überraschung: „Danni! Wie kommst du hierher?" Verlegen wollte er das Baby an Maham weiterreichen, aber Daniel reagierte sofort.

„Hey, Sefi", sagte er erstaunt und gab ihm Five auf die andere Hand, „ich wusste gar nicht, dass du Nahis Bruder bist!" Dann streichelte er das Baby. „Ist das süß!! Junge oder Mädchen? Kann ich es mal halten?"

Ohne abzuwarten nahm er das Kleine auf den Arm, schaukelte es und wischte ihm die Tränen ab. Erstaunt schob NaNe sich hinter ihm in den dunklen Flur und schloss die Tür. „Woher kennt ihr euch?"

Die beiden spielten im selben Handballverein, sogar in derselben Mannschaft. „Sefi ist ein toller Stürmer, ohne ihn würden wir viel häufiger verlieren!", lobte Daniel, und Sefatullah grinste verlegen.

Danach entwickelte sich die Angelegenheit komplikationslos. Die beiden Jungen fütterten in der Küche das Baby mit dem Fläschchen und NaNe malte auf dem Fußboden mit Maham bunte Tiere auf Packpapier. Irgendwann machte ihr Daniel verstohlen ein Zeichen und sie ließ sich von Nahis kleiner Schwester in dem winzigen Raum, den sie sich die beiden teilten, ein Bilderbuch vorlesen.

Nach einer Weile legten die Jungen das Baby in das Kinderbett. Daniel ließ eine Rassel vor seinen Augen verschwinden und wieder auftauchen, und das Baby versuchte vergnügt danach zu greifen. Dann gaben sie das Spielzeug an Maham weiter.

„Pass gut auf ihn auf", ermahnte Sefatullah sie, „ich gebe nur mal gerade NaNe ihr Fahrrad zurück. Leider ist es total verbeult, weil das Auto es auch erwischt hat."

In Mahams fragende schwarze Augen sagte er: „Du weißt doch, das Auto, das auch Nahite angefahren hat." Die Kleine nickte.

***

Ev war gerade dabei, sich von Tobi und seiner Oma zu verabschieden, als ihr Handy eine Nachricht ankündigte. Leider nicht von Mama. Aber von NaNe.
Sie runzelte die Stirn und las dann laut vor: „Fahrrad wieder bei mir. Ich hab es geschoben, als das Auto es gestreift hat. Leider hat das Auto auch Nahi erwischt, als sie mir helfen wollte. Fahrerflucht. Sefatullah weiß Bescheid. Bitte Nahi informieren. Persönlich."
Ratlos wiederholte Ev diese Botschaft mehrfach. „Was soll das? *Bitte Nahi informieren?* Wer soll sie informieren? Und warum? Sie weiß doch selbst am besten, wie alles war!"
„Außer wenn ihr Kopf …, ich meine, wenn ihre Verletzung …, vielleicht ist sie verwirrt…". Tobi strich sich die Locken aus der Stirn.
„Ach was!"
Seine Oma drückte ihn resolut in den Sessel zurück und goss Ev eine weitere Tasse Tee ein. „Nun müssen wir klar denken. Natürlich weiß Nahite, was passiert ist. Aber … ."
Sie stockte und dachte nach. „Man kann nur hoffen, dass sie über den Unfall noch nicht mit ihren Eltern gesprochen hat. Wenn sie dann später mit ihnen redet, dann muss sie diese Version erzählen!" Tobis Oma nickte nachdrücklich, und allmählich funkelten Tobis Augen verständnisvoll.
Nur Ev stand mal wieder auf der Leitung.
„Welche Version?", fragte sie kleinlaut.

Aber kurz bevor Tobi und seine Oma synchron „NaNes!" riefen, hatte sie es verstanden.

Sie hätte es wissen müssen! Wie immer war NaNe einfach genial. Statt sich von Schuldgefühlen niederdrücken zu lassen, hatte sie gehandelt. Und so klug! Der letzte Teil der Botschaft war also eine indirekte Aufforderung an sie selbst. Sicher nicht an Tobi. *Vollkommen unfähig.* Ev erinnerte sich genau an die Enttäuschung in NaNes Stimme.

Sie seufzte; schon wieder eine unangenehme Aufgabe. Dann holte sie tief Luft und verkündete entschlossen: „Ich gehe ins Krankenhaus!"

Sofort sprang Tobi auf: „Ich komme mit!"

„Ich auch." Tobis Oma fischte den Autoschlüssel aus ihrer Handtasche. Ein erwachsener Besuch würde eher eingelassen werden, erklärte sie bestimmt. „Aber vorher kaufen wir Blumen und Schokolade."

***

Es war schon dunkel, als Tobis Oma die zwei wenige Straßen vor Evs Elternhaus absetzte. Sie selbst wollte schnell noch im Supermarkt einkaufen.

Zwischen ihnen herrschte Stille. Seltsam.

Was hätte Ev früher darum gegeben, allein von Tobi nach Hause gebracht zu werden! Das war leider immer nur in ihrer Fantasie passiert, und sie hatte sich romantische Gefühle vorgestellt. Und jetzt?

Was in ihrem Inneren brodelte, hatte nichts mit Romantik zu tun. Sie schnaufte kurz, und das nahm Tobi als Sprechanlass.

„Danke Ev", sagte er feierlich, „danke, dass du so viel für Nahi tust."

„Wieso?" Evs Reaktion fiel kühl aus. „Sie ist meine Freundin. Das ist wohl selbstverständlich."

Zögernd schob Tobi nach: „Ich meine - dass du so viel für Nahi und mich tust!"

Kühl erwiderte sie: „Für Nahi und dich? Ich weiß überhaupt nicht, was du meinst!"

Natürlich wusste sie es genau.

Im Krankenhaus hatte Nahi sie wie immer freundschaftlich begrüßt und sich höflich bei Tobis Oma für die Mitbringsel bedankt. Das Sprechen fiel ihr noch schwer. Aber sie hatte erleichtert genickt, als Ev, Tobi und Oma ihr NaNes Geschichte erzählten. Ja, das könnten ihre Eltern glauben!

Der weiße Verband um ihren Kopf machten ihre Augen noch schwärzer als sonst. Und diese Augen suchten immer wieder Tobi. Klar, jede war in ihn verliebt. Aber das hier war anders. Zärtliche Blicke von beiden. Geheimnisvolles Lächeln. Stumme Übereinstimmung. Tiefe Verbundenheit.

Als Tobi sich sanft über das Krankenbett beugte, hatte seine Oma sich winkend verabschiedet und Ev mit nach draußen gezogen.

Diese Erinnerungen ärgerten sie jetzt.

Warum?

Unbeabsichtigt mischten sie sich mit einem anderen, einem schrecklichen Bild. Wut stieg in ihr auf.

„Du bist rücksichtslos. Einfach gemein und rücksichtslos", fauchte sie.

Verständnislos weiteten sich Tobis Augen. Das machte sie noch wütender. „Was soll NaNe denken? Was tust du ihr an?" Die Vorwürfe prasselten auf ihn nieder.

„Wieso?" Seine Stimme klang erstaunt. „Was hat NaNe denn damit zu tun?"

Sie waren vor der Haustür angelangt. Zornig fühlte Ev in ihren Manteltaschen nach dem Schlüssel; sie musste etwas Heftiges tun, denn wieder spürte sie die kalten Geisterfinger, die ihr Luft abdrücken wollten.

Jetzt nur nicht ohnmächtig werden! Lieber wütend! Wut, Wut, Wut !

Es klappte tatsächlich. Mit dem Schlüssel in der Hand drehte sie sich um.

„Ach ja?" Ihre Stimme klang heiser, aber sie gehorchte. Sie konnte sogar etwas Verachtung hineinlegen. „Ist das ein Naturgesetz? Dass männliche Wesen es nie wissen, wenn sie ihren Liebsten wehtun?"

Mit Wucht knallte sie die Haustür vor Tobis verdutztem Gesicht zu. Als sie schweratmend verschnaufte, hörte sie seine Stimme: „Stopp, Ev, das ist ein Missverständnis!"

Gleichzeitig öffnete sich die Wohnzimmertür. „Eva-Maria?"

Das war Papa. Nein – gestrichen. Der Erzeuger. Sie hastete die Treppe hinauf.

„Eva-Maria, bitte warte. Wir müssen reden!"

Bloß das nicht.

Ein paar Schritte vor ihrem Vater erreichte sie ihr Zimmer. Stieß die Tür zu. Laut drehte sie den Schlüssel um. Zweimal.

„Eva-Maria; Evi - bitte", er klopfte an die Tür, „bitte hör mich an. Es ist alles ganz anders. Bitte, wir müssen reden."

Sie schwieg.

„Bitte Evi. Lass uns reden. Wo ist Mama? Ich mache mir Sorgen um sie."

Das war die Höhe. Blind vor Wut ergriff sie den nächstbesten Gegenstand in ihrer Nähe. Sie schleuderte ihn gegen die Tür: „Du Heuchler! Du gemeiner Lügner!"

Als die Scherben zerschmettert waren, hörte sie die fürsorgliche Stimme ihres Vaters: „Eva-Maria? Ist alles in Ordnung? Bist du okay?"

„Hau bloß ab! Wenn du nicht da bist, dann ist alles in Ordnung."

Schluchzend warf sie sich aufs Bett.

3 Osterferien – Erster Teil

NaNe konnte nicht einschlafen.

Ihr schlechtes Gewissen plagte sie – einerseits gegenüber Nahi und deren Eltern, andererseits wegen Ev.

Die hatte ihr gestern in einer WhatsApp-Nachricht mitgeteilt, dass die S4N-Sitzung gut verlaufen war. Da befand sich NaNe immer noch im Krankenhaus und durfte ihr Handy nicht benutzen. Und danach war NaNe mit ihrem Vater verabredet – diese Treffen jeden zweiten Mittwoch waren ihr heilig, das wusste Ev und deshalb hatte sie gestern Abend keinen Kontakt mehr aufgenommen.

Leider aber hatte NaNe heute nicht wie geplant die Freundin angerufen und sich nochmals dafür bedankt, dass sie die S4N-Sitzung geleitet hatte, und das offenbar erfolgreich, wenn sie Daniel glauben durfte.

Normalerweise hätten sie Stunden miteinander verquatscht. Aber das war ja genau das Problem. Sie hatte keine Zeit, Stunden am Telefon zu hängen.

Falsch – es waren Ferien, sie hatte Zeit. Sie hatte keine Lust, das war die Wahrheit.

Keine Lust mit der besten Freundin zu reden? Was ist los mit dir, NaNe?

Sie stellte sich vor dem Spiegel am Schrank auf und sah sich selbst streng an. *Du bist NaNe. Naomi-Nele. Deine Großmütter haben dir beigebracht, dass du die Wahrheit sagst. Nicht nur sagst. Auch denkst. Also: Was ist los?*

Seufzend hockte sie sich in ihren Lieblingssessel, den alten Lehnstuhl von Oma Nele.

Ja, was war eigentlich los?

Wenn sie das nur selber wüsste!

Okay – sie fühlte sich schuldig an Nahis Unfall. Aber das tat Ev auch. Und eigentlich konnte ihnen niemand einen

Vorwurf machen. Außer wegen der Anstiftung zum heimlichen Fahrradfahren.

Also was dann? NaNe beschloss, sich keine Ausflüchte zu gestatten und gnadenlos logisch ihre Situation zu analysieren.

Als erstes kam ihr Tobi in den Sinn. Total unfähig bei Nahis Unfall. Der überlegene, intelligente, umsichtige Tobi ein *failure*, ein Versager.

Wie konnte das sein? Er musste doch kein schlechtes Gewissen haben! Schließlich hatte nicht er Nahi das Fahrradfahren heimlich beigebracht.

Aber er hatte die Idee mit der Fahrt zum Ostermarkt nach Hoddersheim. Warum eigentlich? Tobi war normalerweise kein Ostermarkt-Fan. Warum wollte er also gestern unbedingt mit ihr zum Ostermarkt und Nahi kam zufällig mit, weil sie nicht nach Hause mus ...?

Abrupt kamen NaNes Gedanken zum Stillstand. Vielleicht war es umgekehrt. Vielleicht wollte Tobi tatsächlich mit Nahi zum Ostermarkt und sie selbst, sie war nur das notwendige Beiwerk, der Anstands-WauWau, das Feigenblatt?

NaNe fand sich zum zweiten Mal vor dem Spiegel wieder und ihr Gesicht zeigte zuerst tiefe Fragezeichen, aber kurze Zeit später tausend Ausrufezeichen.

Ja, das machte Sinn. Das erklärte Tobis idiotisches Verhalten, als er die leblose Nahi fand. Ihre Haare zu streicheln! Wahrscheinlich hätte er sie auch noch geküsst, statt den Krankenwagen zu rufen, wenn sie, NaNe, nicht eingeschritten wäre.

Zurück im Lieblingssessel fielen ihr tausend Signale ein, die auf ein innigeres Verhältnis zwischen Tobi und Nahi hindeuteten - mehr als reiner S4N-Teamgeist oder Klassenkameradschaft oder eine einfache Freundschaft.

Du Doofe, sagte sie zu sich beim dritten Mal vor dem Spiegel, *das hättet ihr merken müssen, du und Ev.*
Sie tippte sich mit dem Finger an die Stirn.
„Und Ev und ich haben immer gedacht, er kann sich nicht zwischen uns beiden entscheiden!"
Wirklich saublöd. Wie sollte sie Ev das beibringen?
In ihrem Gesicht suchte sie nun nach Spuren von Enttäuschung, Ärger, Liebeskummer - aber wider Erwarten fand sie nichts.
Weil sie sowieso gedacht hatte, dass Tobi wahrscheinlich Ev besser fand? Oder weil sie gar nicht echt in Tobi verliebt gewesen war? Vielleicht war es nur ein Spiel zwischen Ev und ihr gewesen?
Jedenfalls – das ergab ihre strenge Analyse - hatte sie heute Abend mehr an Daniel als an Tobi gedacht.
Bingo! Denn das war ein weiterer Grund, warum sie nicht mit Ev telefonieren wollte. In ihr selbst war noch viel zu viel Durcheinander.
Aber sie schrieb eine Nachricht an die Freundin.

***

Voller Wut hatte Ev in mehrere Kissen gebissen. Das tat gut. Besser als stilles Leiden. Irgendwann war sie eingeschlafen.
Zum ersten Mal wurde sie um 23.26 Uhr geweckt. Eine SMS von NaNe. „Frühstücken wir morgen zusammen bei mir? Um 10.00 Uhr?" „Ja!", schrieb sie zurück und kuschelte sich wieder in ihre Decken.
Später meldete ihr Unterbewusstsein mehrfaches Klopfen an ihrer Zimmertür mit der besorgten, zärtlichen, fürsorglichen Stimme ihres Vaters: „Eva-Maria, liebe Eva, es ist alles anders als du denkst! Lass uns reden."
Nix da. Sie stülpte sich ihre Kissen über die Ohren.

Als das Piepsen des Nachrichten-Empfangstons sie wieder weckte, war es heller im Zimmer. Der Vollmond strahlte durch das Fenster. Endlich kein Regen mehr!
Die Nachricht strahlte genauso wie der Mond:
„Liebe Eva-Maria! Es geht mir gut. Dir hoffentlich auch. Ich habe meine Heimat gefunden und komme zur Ruhe. Leider habe ich nur selten Internet.
Pass gut auf dich auf.
In Liebe deine Mama".
Ev fühlte sich unendlich erleichtert. Mama ging es gut!
Aber wo war sie?
Das war morgen zu klären. Nun würde sie erstmal schlafen. Sicherheitshalber stellte sie sich den Wecker.
Der klingelte um 8.30. Keine weiteren Nachrichten.
Stattdessen ein Briefumschlag unter ihrer Tür. 100 Euro und eine Mitteilung von Papa.
„Liebe Eva-Maria oder wenn es dir lieber ist: liebe Ev!
Auch ich mache mir Sorgen um Mama. Wenn du etwas von ihr hörst, sag mir bitte Bescheid. Du hast offensichtlich die Vorkommnisse falsch interpretiert. Darüber möchte ich mit dir sprechen.
Jetzt habe ich leider Wochenend-Dienst.
Pass gut auf dich auf. Ich lege Geld in den Umschlag, damit du dir etwas zu essen kaufen kannst.
Auch wenn du es nicht glauben wirst: Ich habe dich sehr, sehr lieb!
Dein Papa"
Heuchler, dachte sie.
Aber sie zerknüllte den Brief nicht, sondern schob ihn in die Schublade zu Mamas Botschaft und ihrem Tagebuch.

***

Das Frühstück mit NaNe war seltsam.

Beide vermieden das Thema Tobi und auch den Unfall. Stattdessen redeten sie viel über Nahi und wie sie sie unterstützen könnten, wenn sie aus dem Krankenhaus entlassen wurde.

NaNe gab dann eine ausführliche Schilderung über ihren gestrigen Besuch bei Nahis Familie und besonders über Daniels umsichtiges Verhalten. Und heute Morgen hatte Daniel sie bereits angerufen und ihr mitgeteilt, dass er Sefi kontaktiert und herausgefunden hatte, dass Nahis Verletzungen nicht schwer waren und sie bald entlassen würde. Und heute Nachmittag … .

NaNes Redefluss versiegte.

„Was ist heute Nachmittag?" Ev wunderte sich selbst über die Heiserkeit in ihrer Stimme.

„Noch unklar", NaNe wich aus, „vielleicht, ich meine, es wäre doch schön, wenn wir ein kleines Überraschungsgeschenk für Nahi kaufen."

„Wer ist wir – du und Daniel?" Evs Ton war so streng, dass NaNe kleinlaut sagte: „Du kannst ja mitkommen."

Das wäre das Letzte, was ich tun würde.

Die Enttäuschung biss tief in ihr Inneres. Daniel war ein Lichtblick gewesen in all diesem Trübsinn. Und nun? Das Übliche! Nur Interesse an NaNe. Genau wie Tobi.

Halt, stopp!

Das stimmte ja offensichtlich nicht.

Tobi – *Ich habe nur GEDACHT, dass er in NaNe verliebt ist. Aber eigentlich ist es Nahi. Und NaNe schwärmt von Daniel. Natürlich gibt sie das nicht zu, aber es ist offensichtlich.*

Verwirrt schüttelte sie sich. Irgendetwas lief schief in ihren Analysen. Vielleicht interessierte sich NaNe nur aus Enttäuschung über Tobi für Daniel? Vielleicht war sie immer noch in Tobi verliebt, hatte aber die Zeichen zwischen Tobi und Nahi richtig gedeutet und wollte Tobi mit Daniel eifersüchtig machen?

Verrückt. Das kriegst du jetzt nicht gelöst, Ev. Viel zu kompliziert. Lass es.

Deshalb wechselte sie schnell das Thema und erzählte stattdessen über das komische Verhalten der Achtklässlerinnen (über solche Lappalien redeten sie und NaNe normalerweise nie), als Noah auftauchte. Dann wurde es leicht. Klimawandel – Auftauen der Tundra – Mensch gegen Natur – Noahs ernste Frage nach den Menschenrechten.

NaNe nickte immer wieder abwesend und schaute ab und zu verstohlen auf ihr Handy.

Irgendwann ein tiefer Seufzer. „Hier - Tobi schreibt. Brigitte - das ist Tobis Oma - braucht heute Nachmittag Hilfe bei der TAFEL. Tobi kann leider nicht. Können wir einspringen?"

„Ich weiß, wer Brigitte ist", sagte Ev fast beleidigt. Und nach einer Weile: „Was ist? Springen wir ein?"

NaNe zögerte. „Äh … eigentlich … ich weiß nicht … Vielleicht …".

Aha, sie hatte also eine feste Verabredung mit Daniel.

„Schreib Tobi, ich komme mit." Ev wunderte sich selbst, wie spontan und schnell sie den Entschluss fasste. „Er soll Brigitte meine Handynummer geben. Sie soll mir sagen, wann sie mich abholt."

Mit einem seltsamen Blick schaute NaNe sie an. Erstaunt? Erleichtert? Eine Mischung aus beidem, entschied Ev. Wenig später beendete sie das Frühstück.

***

Später, rückblickend würde Ev erklären, dass Brigitte mit der TAFEL ihre Osterferien gerettet hatte. Natürlich auch Samson und Mizan. Und … .

Aber der Reihe nach.

Der Mond hatte nicht nur Helligkeit gebracht, sondern durch einen kurzen Kälteeinbruch auch glatte Nebenstraßen. Also konzentrierte sich Tobis Oma aufs Fahren, und Ev war froh über die Schweigsamkeit.

Sie hielten vor einem flachen Gebäude, in das eine kleine Treppe führte - offensichtlich eine Lagerhalle. Auf dem Platz davor standen viele alte weiße Menschen, junge Farbige und muslimische Frauen mit kleinen Kindern; sie alle warteten geduldig. Manche flüsterten miteinander, und mehrere der alten Frauen, die sich nur mühsam mit einem Rollator bewegen konnten, versuchten die Kinder durch Fingerspiele und mitgebrachtes altes Spielzeug vom langweiligen Warten abzulenken. Die Mütter lächelten dankbar.

Auch in Brigittes Augen schlich sich ein Lächeln, als sie das Auto parkte.

„Wir sind ein bisschen spät. Aber niemand wird uns das übel nehmen."

Tatsächlich. Brigitte wurde sofort von mehreren jungen Schwarzen umringt, die sie herzlich umarmten und sie sofort praktisch unterstützten.

Im Nu war ein Tisch vor die Eingangstür geschoben, und aus der Tiefe des Lagers wurden Kisten mit Waren herbeigeschleppt, deren Mindesthaltbarkeitsdatum gerade ablief oder knapp überschritten war.

Ev wunderte sich, wie viele genießbare Lebensmittel so zusammenkamen. Sie machte sich eine gedankliche Notiz. *Klimaschutz und Lebensmittelverschwendung.* Das konnte ein viel versprechendes Thema für ihr S4N-Team sein.

Außer ihnen wurden die Lebensmittel verteilt von zwei älteren Damen, denen Tobis Oma sie kurz vorstellte als „Cecilias Tochter, die momentan für ihre Mutter einspringt".

Sie hatte sich noch nicht von ihrer Überraschung erholt, als eine sehr hübsche farbige junge Frau vor ihr stand.

„Hi", sagte sie, „ich bin Mizan. Deine Mama ist meine Deutschlehrerin. Grüße sie."

Dann winkte sie einen ebenso hübschen jungen Mann heran. „Samson, das ist Ev. Sie ist Tochter von Cecilia."

„Super, toll!" Samsons schwarze Augen strahlten sie an. „Cecilia gute Lehrerin. Nett und hilfsbereit. Schöne Grüße."

Danach war er wieder im Schuppen verschwunden, um neue Kisten heranzuschleppen, und Mizan half Brigitte umsichtig bei der Lebensmittelausgabe.

Ev unterdrückte ihre Verwunderung und verbot sich jegliche Fragen. Mechanisch machten ihre Hände genau das nach, was Brigittes und Mizans Hände taten.

Als sich ihr Körper an das Austeilen gewöhnt hatte, wagten ihre Augen einen Blick auf die Menschen vor ihr.

Noch nie hatte sie so viel Dankbarkeit und Freude gesehen über einen leicht verwelkten Blumenkohl und über Kartoffeln mit wenigen schwarzen Stellen.

Sie schluckte. Armut war für sie bisher nur ein abstraktes Wort gewesen.

Plötzlich stand Noah vor ihr. Neben ihm ging eine kleine Frau in unmoderner, abgetragener Kleidung mit pechschwarz gefärbten Haaren, die die Falten in ihrem blassen Gesicht verstärkten. Seine Oma? Oder etwa seine Mutter?

Es war ihm peinlich, ihr hier zu begegnen – das zeigten seine verlegenen Gesten und seine niedergeschlagenen Augen sofort.

Evs Hände legten automatisch Möhren und eine Packung Nudeln in den Korb der Frau mit den gefärbten Haaren, während ihre Gedanken sich überstürzten.

Wieder bemerkte sie, wie dünn er war. Bei diesem Wetter trug er nur einen durchnässten Pullover, keine Jacke. *Und er sieht so verletzlich aus, aber auch stolz. Mach jetzt nur keinen Fehler! Bloß kein Mitleid zeigen!*

Die rettende Idee kam ihr, als sie im Stapel der Packungen mit dem abgelaufenen Mindesthaltbarkeitsdatum kramte.

„Rettest du auch Lebensmittel?", fragte sie. „Ist das dein Beitrag zum Klimaschutz?"

Er stutzte, dann grinste er. „Ja, das kann man so sagen."

„Kli-ma-schutz", neben Ev zerlegte Mizan das Wort in Einzelsilben, als ob sie eine neue Vokabel lernen müsste. „Der, die oder das?"

Verständnislos zuckte Ev die Schultern, aber Noah antwortete sofort: „Der. Männlich. Maskulin. Sprich nach, Mizan: Der Klimaschutz. Kein Plural. Aber Ableitungen: der Klimaschützer, die Klimaschützerin."

Laut lachend stellte Samson eine Kiste ab und strahlte Ev an: „Du sehen? Noah auch guter Lehrer. Fast so wie deine Mum."

***

Auf der Rückfahrt streiften Brigittes fragende Blicke die schweigsame Ev, aber sie sagte nichts.

Erst vor ihrem Haus, als Ev schon halb ausgestiegen war, gab sie ihrer Verwunderung Ausdruck: „Du wusstest nicht, dass deine Mama manchmal bei der Tafel aushilft? Und ehrenamtlichen Deutschunterricht erteilt?"

Ev wiegte unentschieden ihren Kopf hin und her.

„Okay", Tobis Oma grinste, „heute Abend bin ich echt eine alte Frau; viel zu kaputt. Aber ruf mich demnächst mal an, wenn du Redebedarf hast."

Ev bedankte sich wohlerzogen.

***

In ihr Tagebuch notierte sie: *Eigentlich hätte ich es wissen können, wenn ich genau zugehört hätte. Aber bei Mamas Engagement in der Kirche hab ich immer abgeschaltet. Eigentlich schade.*

Es war mehr als schade. Denn was hatte sie außerdem noch verpasst? Hatte es vielleicht schon früher Hinweise gegeben, dass und vor allem: wohin Mama verschwinden würde?

Sie wählte NaNes Nummer. Aber die Freundin nahm nicht ab.

***

Am nächsten Morgen schaute sich Ev im Arbeitszimmer ihrer Mutter um.

Sie fühlte sich unwohl, so, als ob sie Privates ausspionieren wollte. Aber das war Quatsch. Sie suchte nur einen Hinweis auf den Verbleib ihrer Mutter. Nicht mehr.

Wirklich?

In der geöffneten Tür blieb sie stehen.

Suchte sie nicht auch danach, warum ihre Mutter sie verlassen hatte? Ja, klar. Aber: Musste sie sich deswegen schämen? War es nicht ihr gutes Recht zu wissen, was

ihre Mutter wirklich bewegt hatte? Schließlich hatte
Mama ihr offensichtlich viel verschwiegen.
Mit entschlossenem Schritt betrat sie den Raum.

Ihre Augen brauchten einen Moment, bis sie sich an das
Dämmerlicht gewöhnt hatten. Der Raum roch muffig,
aber sie meinte den Duft ihrer Mutter ganz fein zu spüren, wenn sie die Luft bewusst einsog.
Dann zog sie die Vorhänge zurück und ihr Blick fiel als
erstes auf das Schlafsofa, das als Bett hergerichtet war.
Dies verwunderte sie nicht, wenn sie an die Szene vor ein
paar Tagen im Schlafzimmer ihrer Eltern dachte.
Was sie aber wirklich erstaunte, war der Stapel Bettwä-
sche im Bücherschrank. Fast sah es aus, als ob ihre Mutter schon seit langer Zeit im Arbeitszimmer geschlafen
hätte.
Mamas Schreibtisch war aufgeräumt. In einem Stapel
lagen Arbeitshefte und Bücher - Deutsch für Ausländer.
Die Unterrichtsmaterialien und Bücher für den Schulun-
terricht waren sorgfältig im Schrank verstaut. Mamas
Schultasche lehnte in der Ecke; darin fehlte aber das
kleine Etui mit den Lieblingsstiften ihrer Mutter. Mamas
Privatlektüre füllte das Regal vollständig aus; einzig bei
den Reiseführern schien eine kleine Lücke zu klaffen.
Langsam setzte sich Ev auf Mamas Schreibtischstuhl und
öffnete vorsichtig eine der tiefen Schubladen nach der
anderen.
Nichts Besonderes. Mama war viel ordentlicher als sie
selbst; eine Schublade enthielt Unterrichtsvorbereitun-
gen, Arbeitsblätter und Aufzeichnungen, die andere korrigierte und nicht korrigierte Klassenarbeiten. In der dritten lagen Notizblöcke, Ersatzstifte, Radiergummis, Dru-
ckerpapier.

Zu ihrer Überraschung fand Ev hier auch ein abgegriffenes Fotoalbum in einem völlig altmodischen Design. Schnell durchblättere sie diese – Familienfotos von unbekannten Personen. Wer hatte Mama das geschenkt? Manchmal fehlte ein Foto; einmal betrachtete sie das Bild eines kleinen Mädchens etwas länger, irgendwie kam es ihr bekannt vor. Daneben lag ein dicker, zerfledderter Briefumschlag mit unbekannten Briefmarken; offensichtlich enthielt er Kataloge oder Prospekte. Warum hob Mama das auf?

Seufzend machte sich Ev auf die Suche nach dem Laptop. Vergeblich. Wahrscheinlich hatte Mama ihn mitgenommen.

So sehr Ev sich auch anstrengte, es gab keinen Hinweis darauf, warum oder wohin Mama verschwunden war.

Gerade wollte sie als letztes den Papierkorb untersuchen, als ihr Handy klingelte. Schuldbewusst schreckte sie auf und verließ auf Zehenspitzen den Raum. Erst im Flur beantwortete sie den Anruf.

Es war Tobis Oma. „Ist was? Du klingst so erschrocken."

Nein, natürlich war nichts. Ev atmete dreimal tief durch und versuchte ihr schlechtes Gewissen zu unterdrücken.

„Ich bin nur schnell gelaufen; mein Handy lag in der Küche", flunkerte sie. Schließlich brauchte niemand zu wissen, dass sie gerade das Zimmer ihrer Mutter durchsucht hatte - und dazu noch erfolglos!

Wie immer. Du bist einfach zur Verliererin geboren. Deine Mutter ist weg, und du findest nicht mal die winzigste Spur ...

In ihre trüben Gedanken platzte Brigittes Frage: „Könntest du dir vorstellen, mich in den Ferien beim Sprachunterricht für die Flüchtlinge zu unterstützen? Uns fehlt natürlich deine Mutter, und Noah hatte die Idee, dass du eventuell einspringen würdest."

Ev war sprachlos. Ihr erster Impuls war Abwehr. *Oh nein, Sprachunterricht – das kann ich nicht.* Doch dann meldete sich etwas anderes: Erstaunen, Stolz? *Noah hatte die Idee – also traut er es mir zu…*

Ohne weiter nachzudenken, sagte sie zu.

***

Sie verspeiste gerade den letzten Joghurt aus dem Kühlschrank, als sich Nahi meldete. Evs freudige Überraschungsrufe beantwortete sie zurückhaltend und einsilbig. Überhaupt klang sie angespannt und nervös. Ja, sie war wieder zu Hause. Ja, es ging ihr gut. Vielleicht noch ein bisschen schwach. Nein, alles in Ordnung. Manchmal Kopfschmerzen, aber kein bleibender Schaden, sagen die Ärzte.

Im Hintergrund hörte Ev Stimmen und Babyweinen; wahrscheinlich ließ die besorgte Familie die gerade aus dem Krankenhaus entlassene Tochter nicht aus den Augen.

„Hör zu, Ev", Nahis Stimme nahm einen drängenden Ton an, „bitte sag Tobi … ähm, ich meine Tobis Oma, danke für … danke für alles. Und dass es mir gutgeht. Aber ich kann jetzt eine Zeitlang nicht besuchen. Ich kann … nicht … . Meine Familie geht vor."

Sie legte auf und ließ eine ratlose Ev zurück.

***

Wie immer wusste NaNe eine Lösung. Die beiden Freundinnen trafen sich im Park, um die warmen Sonnenstrahlen bei einem Eis zu genießen. Es war wie immer – oder fast wie immer.

Wie immer rückten sie auf der Bank eng aneinander. Wie immer redeten sie zuerst über S4N. Dann berichtete NaNe über Tobis irrsinniges Verhalten nach dem Unfall, und Ev beichtete, dass sie in Mamas Arbeitszimmer herumgeschnüffelt hatte.

NaNe fand das nicht nur verzeihlich, sondern sogar notwendig: „Das musst du tun, Ev, wirklich. Wenn du mehr weißt, kannst du alles besser verstehen. Und du kannst deiner Mama vielleicht helfen. Außerdem", sie warf ihrer Freundin einen zögernden Blick zu, „außerdem finde ich es nicht okay, dass sie dich einfach so im Stich gelassen hat."

Ev seufzte erleichtert. NaNe sprach aus, was sie tief im Inneren empfand, aber nicht herauslassen wollte. Trotzdem wollte sie ihre Mutter verteidigen, doch NaNe wechselte schnell zum Thema Nahi.

Wie gut, dass Nahis Eltern die Schilderung des Unfallhergangs glaubten. Beide waren sich einig: Nahis Eltern liebten ihre Tochter und wollten ihre Familie so gut wie möglich in die deutsche Gesellschaft einfügen.

„Aber genau das ist der Punkt. Sie wollen nämlich gleichzeitig Nahi und alle ihre Kinder vor Schaden bewahren. Und vieles in Deutschland schadet Kindern und Jugendlichen – jedenfalls aus ihrer Sicht."

„Aber doch nicht Fahrradfahren", warf Ev ein.

„Natürlich nicht! Aber ein Fahrradunfall mit Kopfverletzungen ist vielleicht nicht gerade der geeignete Zeitpunkt für Nahis Eltern, um das zu lernen."

Sofort gab Ev ihr Recht. Sie bewunderte NaNes Fähigkeit, Dinge schnell einzuschätzen und leicht ironisch zu erklären. Sie selbst landete immer bei langatmigen und langweiligen Erklärungen.

„Und Geschichten mit Jungs sind natürlich erst recht schädlich aus der Sicht von Nahis Eltern", fuhr NaNe unbekümmert fort.

Ev blickte sie erstaunt von der Seite an. War Tobi etwa nur eine „Geschichte mit Jungs"?

„Deshalb hat dir Nahi eine Botschaft für Tobi mitgegeben, aber so getan, als ob sie für Tobis Oma wäre."

Soweit war Ev auch schon in ihren Überlegungen gekommen. Aber ihre Gedanken hakten an einer anderen Stelle. „Wieso denn besuchen? Hat sie Tobi oder Tobis Oma denn besucht? Und was ist mit: ‚Meine Familie geht vor'?"

Sie debattierten hin und her und kamen schließlich zu der Schlussfolgerung, dass Tobi und Nahi sich heimlich getroffen hatten – entweder mit oder ohne Wissen von Tobis Oma.

„Auch wenn Brigitte nichts wusste, sie wäre sicher bereit, heimliche Treffen zu decken!", vermutete NaNe.

Ev stimmte zu und ergänzte logisch: „Das heißt dann aber auch, dass ich Tobi sagen soll: Nahi will oder kann dich jetzt nicht mehr sehen. Wegen ihrer Familie."

Als die Freundin schwieg, stupste Ev sie kurz mit dem Ellenbogen an. „Oder?"

NaNe nickte gedankenverloren. Daher fragte sich Ev, ob NaNe sich gerade eine Chance ausrechnete, Tobi zurückzugewinnen.

Doch NaNe stellte entschlossen ihre Füße auf den Boden, reckte sich unternehmungslustig und grinste Ev an: „Da werden wir Freundinnen aber deutlich eingreifen müssen, damit die Familie die arme Nahi nicht zu sehr beansprucht!"

Ev war einverstanden, zumal es ihr half, die Botschaft weiterzugeben: „Dann kann ich Tobi gleich sagen, dass wir zur Rettung bereit stehen. – Hast du schon eine Idee?"

„Nein, aber mir fällt schon etwas ein."

Daran zweifelte Ev nicht. Lächelnd verabschiedeten sich die beiden mit einer Umarmung und einem Küsschen auf jede Wange.

Also: Es war alles wie immer.

Was nicht wie immer war: Ev hatte nichts von Noahs Vorschlag gesagt, dass sie Unterricht erteilen sollte. „Und sie hat mir nichts von ihrem Einkauf mit Daniel erzählt!", dachte Ev grimmig.

***

Offenbar übernahm NaNe das „deutliche Eingreifen" erst einmal allein, oder sie hatte noch keine Idee. Jedenfalls meldete sie sich nicht.

Ev war es recht. Ihre erste Unterrichtsstunde stand bevor, und das machte sie nervös, auch wenn Tobis Oma sie anfangs nur als „Unterstützung" einsetzen wollte.

„Mach dir also keine Gedanken!"

Natürlich machte sie sich Gedanken, so stark sogar, dass die Sorgen um ihre Mutter für kurze Zeit in den Hintergrund traten. Sie hatte zwar in Deutsch immer eine gute Note gehabt, aber sie war felsenfest überzeugt, dass sie keine einzige Regel beherrschte.

„Ich kann nichts erklären", jammerte sie ins Telefon, als Noah sie anrief, „ich spreche intuitiv richtig. Und ich habe keine Ahnung, wie man …".

Noah unterbrach sie sofort mit einem leisen, aber mitfühlenden Lachen.

„Meine liebe Ev …". Seine dunkle Stimme mit dem fremdartigen Akzent klang warmherzig und mitfühlend, absolut nicht von oben herab. „Meine liebe Ev, du managst eine Versammlung von kritischen S4N-Jugendlichen und gackrigen Achtklässlerinnen ohne Probleme – und dann machst du dir Sorgen wegen Deutschunterricht bei Ausländern? Glaub mir, die sind so dankbar, dass du ihnen hilfst, da könntest du tausend Fehler machen! Und nett sind sie alle außerdem."

Das stimmte. Alles verlief glatt. Sie wurde mit Applaus begrüßt, Samson und Mizan winkten ihr vertraut zu; auch andere Besucher der Tafel erkannten sie wieder und lächelten sie an.

Geschickt ordnete ihr Brigitte unterschiedliche Schüler und Schülerinnen für Partnerarbeit, Kommunikations-spiele und Leseübungen zu, so dass sie am Ende der Unterrichtszeit viele neue Menschen kennengelernt hatte – und sie waren tatsächlich alle nett und dankbar.

Ev spürte, wie sich in der freundlichen und entspannten Atmosphäre einige Ketten lockerten, die ihr Herz seit dem Verschwinden ihrer Mutter gefesselt hielten. Zum Abschied klatschte sie sich lachend mit Samson ab, als dieser sie dazu aufforderte.

Noah betrachtete sie stolz wie ein großer Bruder: „Du bist ein Naturtalent!" Sie fühlte, wie sie ein bisschen rot wurde.

Erst zu Hause überfielen sie wieder die trüben Gedanken. Immer noch nichts Neues von Mama; dafür mehrere WhatsApps ihres Vaters. *Immer dasselbe: Alles ist anders; wir müssen reden; ich hab dich lieb; pass auf dich auf – blablabla!*

Wütend wollte sie die Nachricht löschen, als ungewollt ein Bild vor ihrem inneren Auge auftauchte - der Papier-korb im Arbeitszimmer ihrer Mutter.

Was sollte das jetzt? Ihr Vater war schuld; wegen ihm war Mama verschwunden. Punkt. Das war so sicher wie eins plus eins gleich zwei! Wieso mischte sich da ein Papierkorb ein?

Energisch und mit viel Getöse schmierte sie sich ein Käsebrot in der Küche, verzehrte es langsam mit Tomate und Gurke, spülte Geschirr ab, trank mehrere Gläser Wasser - aber der Papierkorb wollte immer noch nicht aus ihrem Kopf entweichen.

Es half nichts. Sie musste die Papierfetzen, die sie kurz vor dem Handyklingeln entdeckt hatte, untersuchen.

Aber nicht in Mamas Arbeitszimmer. Sie holte sich einen großen Umschlag, stopfte eilig den zerrissenen Briefbogen hinein und schloss leise die Tür hinter sich. Sie kam sich vor wie ein Einbrecher.

Zurück in ihrem Zimmer, konnte sie ihre Finger nicht dazu bewegen, den Umschlag zu öffnen. Seufzend schob sie ihn in die Schublade zu ihrem Tagebuch.

Glücklicherweise rief NaNe an. Sie wirkte erschöpft, aber wütend.

„Den ganzen Tag waren wir mit Nahi bei den Behörden unterwegs!"

Wir? Wer ist wir? Doch Ev hütete sich, den Redefluss ihrer Freundin zu unterbrechen.

„Wusstest du, dass Nahi den gesamten Behördenkram für ihre Eltern erledigt? Und auch dolmetscht, wenn sie wegen Sefi oder Maham zu Gesprächen in die Schule oder in die KiTa müssen? Und alles, was mit Geschriebenem zu tun hat, macht sie sowieso!"

Ev hatte es zwar nicht direkt gewusst, aber sie hatte es vermutet. Was blieb der Familie anderes übrig? Der Vater sorgte mit mehreren Aushilfsjob für das Finanzielle, und die Mutter sprach noch nicht gut genug Deutsch, weil sie bisher noch keinen Sprachkurs bekommen hatte. Nahi hatte sich nie beklagt, aber manchmal über die

„schwierigen Ämter" oder „die Probleme" geseufzt. Und hin und wieder hatte sie um einen Rat oder um eine Übersetzung gebeten. Ev bewunderte sie, denn trotz allem schaffte sie gute Noten in der Schule, half ihren Geschwistern, war meist fröhlich und optimistisch und - sie war einfach eine tolle Freundin!

„Ja, Nahi hat Super-Energie", antwortete Ev, aber NaNe hatte schon ein neues Thema angefangen.

„Unsere Ämter – unmöglich, wie sie Ausländer behandeln. Nicht alle natürlich. Aber heute, du glaubst es kaum! So eine Tussi – unfreundlich und arrogant. Obwohl ich dabei war!"

NaNe schnappte wütend nach Luft und Ev konnte beruhigen: „Wahrscheinlich wäre sie noch schlimmer gewesen, wenn du nicht dabei gewesen wärest."

„Ja, das befürchten wir auch. Aber das machen wir öffentlich. Daniel hat da schon eine Idee."

Aha. Nun klärte sich also die Frage nach dem „Wir" fast von allein.

„War Tobi auch dabei?", wollte Ev wissen.

„Ja, aber erst später. Nahi wollte nicht, dass ihre Eltern oder Sefi ihn sehen."

„Aber Daniel durften sie sehen?" Ev wunderte sich selbst über den komischen Ton ihrer Stimme.

„Na klar. Daniel ist häufiger da. Sefi und er sind doch im selben Handballverein. Und Daniel glaubt, dass er dadurch eine Vertrauensgrundlage geschaffen hat. Das kann Nahi nur helfen. Wegen Tobi, meint Daniel."

„Heißt das", Evs Stimme klang nun definitiv schrill, „heißt das: Daniel gehört nun zur Eingreifgruppe gegen Nahis Familie?"

NaNe schwieg einen Moment.

Dann sagte sie vorsichtig: „Also Ev, natürlich bist du die Wichtigste, auch bei dem Projekt ‚Hilfe für Nahi'. Doch heute hat es sich einfach mal so ergeben."

Ihre Stimme nahm Fahrt auf.

„Durch seine guten Kontakte zur Familie ist Daniel natürlich ein unschätzbares Plus, das musst du doch einsehen!"

Als Ev nicht antwortete, versicherte NaNe versöhnlich: „Du bist meine beste Freundin, Ev. Daniel ist nur eine Hilfe. Du brauchst auf ihn nicht eifersüchtig zu sein."

Das saß; wie ein Stich bohrte sich der Satz in Evs Herz. Sie wechselte das Thema: „Und was sagt Tobi?"

„Tobi? Der hat überhaupt keine Idee. Leider ist er immer noch total unfähig."

Mit einem tiefen Seufzer beendete NaNe das Gespräch.

***

Ev schrieb in ihr Tagebuch:

Ich bin nicht eifersüchtig! Jedenfalls nicht so, wie NaNe denkt. Ich bin nicht auf Daniel eifersüchtig. Ich bin wegen Daniel eifersüchtig, und zwar auf sie!!!

Sie wurde durch Brigittes Anruf unterbrochen. Ob sie Lust hatte, morgen zum Abendessen zu kommen? Noah hatte schon zugesagt und Tobias käme auch. Jedenfalls wahrscheinlich. „Denn man weiß neuerdings bei Tobias nicht, ob er zuverlässig ist."

Ev nahm die Einladung an. Sie prüfte ihr Herz und merkte, dass sie sich freute.

Danach nahm sie all ihren Mut zusammen und schickte eine Nachricht an Noah. „Ich kaufe morgen Blumen als Dankeschön für Brigittes Einladung. Hast du Lust, mit mir den Strauß auszusuchen?"

Sicherheitshalber drückte sie ganz schnell auf Senden - bevor sie sich selbst albern finden konnte.

Dann fügte sie ihrem Tagebuch eine Frage hinzu:

Darf ich eigentlich auf meine beste Freundin eifersüchtig sein? Muss ich ihr nicht alles gönnen – auch einen Jungen, der mich ebenfalls interessiert?

Ihr Stift stoppte, als ein Gedanke sie überfiel.

Wie stark interessierte Daniel sie wirklich – als Person? Oder fand sie ihn nur attraktiv, weil er a) gut aussah (wenn er nicht gerade Akne hatte) und b) weil sich offensichtlich NaNe zu ihm hingezogen fühlte? Oder mochte NaNe ihn gar nicht wirklich, sondern wollte sich nur von ihrer Enttäuschung über Tobi ablenken?

Ev seufzte. Alles war viel zu kompliziert.

Oder ist das nur ein Spiel zwischen NaNe und mir? Wie bei Tobi? Ein kleiner Wettstreit zwischen Freundinnen, aber keine wirklich tiefen Gefühle für Tobi als Tobi (ich meine als Mensch, als Individuum)?

4 Familiengeheimnisse

Am Morgen überraschte sie eine neue Nachricht ihrer Mutter.

„Meine liebe Eva-Maria, mir geht es besser; ich komme hier allmählich zur Ruhe und kann klare Gedanken fassen. Ich bin sicher, dass du mich verstehst und auch ohne mich gut klarkommst.

Bitte sei nicht so streng mit Papa. Sag ihm, es tut mir leid, wenn meine überstürzte Abreise ihm Schwierigkeiten bereitet hat. Aber ich fühle, dass dies nötig ist für ein gutes Ende. Unsere Ehe war ein Fehler, das kann ich inzwischen eingestehen. In ein paar Monaten wird sich alles fügen.

Ich vermisse dich, mein Schatz. Pass gut auf dich auf und bleib stark.

Sei fest gedrückt und geküsst von deiner Mama."

Ihre anfängliche Freude wich tiefer Ratlosigkeit. Wieso zeigte Mama so viel Rücksicht für ihren Mann? Den Mann, der sie im gemeinsamen Ehebett mit einer anderen Frau betrogen hatte!

Schlagartig stand die schreckliche Szene wieder vor ihren Augen.

Mama und sie hatten eine gemeinsame Wochenendreise vorzeitig abgebrochen, weil sogar Rom mit Fieber nur eine Strapaze, aber kein Vergnügen war. Das Haus schien leer, als sie es betraten. Doch als sie sich dem Schlafzimmer näherten, um Mamas Koffer abzustellen, stoppte ihre Mutter abrupt und horchte angespannt. Auch Ev hörte die Geräusche – lustvolles Stöhnen und rhythmisches Klappern des Bettgestells. Mama eilte vorwärts,

und ehe Ev sie stoppen konnte, öffnete sie die Schlaf-
zimmertür einen Spalt. Das reichte. Ihr Vater und eine
unbekannte Frau hatten Sex miteinander.

Mit einem kleinen Entsetzensschrei versuchte Mamas
linke Hand Evs Augen zu verdecken, während sie mit ihrer rechten schnell die Tür schloss. Doch Ev hatte genug
gesehen.

Sie führte ihre leicht schwankende Mutter ins Wohnzimmer, bettete sie auf die Couch und kochte Tee. Sie
ignorierte die leise knarrenden Treppenstufen und atmete auf, als die Haustür ins Schloss fiel. Durchs Küchen-
fenster beobachtete sie, wie ihr Vater mit der fremden
Frau wegfuhr. Mama trank den Tee schweigsam. Auch in
den nächsten drei Tagen erwähnte sie den Vorfall mit
keinem Wort. Dann war sie verschwunden.

Evs Ratlosigkeit verwandelte sich in Wut.

*Und jetzt hat sie sogar Mitleid mit dem Betrüger, dem
Ehebrecher! Und ich soll ihm Verständnis entgegenbrin-
gen. Unerhört. Er macht mein Leben kaputt; er ist schuld,
dass Mama weg ist; er ist einfach nur ein Monster!*

Sie knallte ihre Kopfkissen gegen die Wand. Ihre Schuhe
folgten, dann ihr Federetui und drei Schulbücher. Sie
hatte schon ihren Schulrucksack in der Hand, um ihn hin-
terher zu schicken, als es klingelte.

Mist! Das musste Noah sein.

Schweratmend wischte sie sich den Schweiß von der
Stirn.

Mach bloß nicht auf! So war ihr erster Impuls. Aber dann
besann sie sich. Das sollte ihr Scheißvater nicht auch
noch kaputt machen!

Noah klingelte geduldig weiter und ließ sich sein Erstaunen nicht anmerken, als Ev ihm mit hochrotem Kopf öffnete und ihn in die Küche führte.

„Ich muss erstmal was trinken", erklärte sie und kippte drei Gläser Wasser hinunter. Dann versuchte sie ein gastfreundliches Lächeln und bot ihm Saft an.

Er nickte, setzte sich an den Küchentisch und deutete auf den Stuhl auf der anderen Seite. Ev goss sich ein Glas Milch an und hockte sich Noah gegenüber. Schweigend schlürften sie ihre Getränke.

„Stress?", fragte er nach einer Weile beiläufig.

Ev nickte.

„Wegen deiner Mama? Weil sie weg ist?"

Wieder nickte sie. Er sah sie aufmerksam an. Dann tat er etwas Seltsames. Er löste ihre Hände, die das Glas umklammert hielten, öffnete die geballten Fäuste vorsichtig und fuhr mit seinen Fingern sanft über ihre Handinnenflächen. Dreimal. Dann legte er ihre Hände flach auf den Tisch und deckte sie mit seinen eigenen zu. Ev spürte seine Wärme, und allmählich wurde sie ruhiger. Immer noch schaute er sie aufmerksam an. Zart streichelten seine kleinen Finger ihre Daumen.

Tief atmete sie aus.

Er lächelte: „Besser?" Als sie zustimmend nickte, nahm er seine Hände weg. Irgendwie fühlte sie sich enttäuscht.

***

Während ihres Einkaufsbummels auf dem Markt redeten sie nicht über Evs Mama oder über ihren Stress. Vielmehr genossen sie es, die Blumensträuße verschiedener Stände zu vergleichen, bevor sie sich endgültig entschieden. Ev bewunderte Noahs Sinn für Farben und Formen und auch seine Überlegungen, was Brigitte wohl am besten gefallen würde.

Sie fuhren zusammen zur Tafel und verteilten Lebensmittel. Heute war es besonders fröhlich, weil Samson auf seiner Gitarre mitreißende Songs spielte und dazu sang. Mizan, die neben Ev arbeitete, summte mit. Manche Melodien kamen Ev bekannt vor. Wenn es etwas ruhiger wurde, würde sie später fragen, ob Samson echte afrikanische Musik spielte.

Plötzlich schlug eine Autotür. Eine ältere, teuer gekleidete Frau hatte ihren schwarzen BMW im Parkverbot abgestellt und kam jetzt direkt auf Ev zu. Irgendwie wirkte sie bedrohlich.

„He du", sagte sie, „lass mal deine Arbeit liegen. Ich will mit dir sprechen."

Ev ärgerte sich über den Befehlston und arbeitete stur weiter. „Warum? Was wollen Sie von mir?"

„Von dir? Von dir will ich nichts." Fast wirkte es verächtlich. Die Frau kam noch näher, und Ev spürte ihren Alkoholgeruch. „Ich will etwas von deiner Mutter."

„Meine Mutter ist nicht hier."

Evs Stimme klang abweisend und ein bisschen zu laut. Wie aus dem Nichts tauchte Noah an ihrer Seite auf. Ev fühlte sich sofort ruhiger.

„Was wollen Sie von meiner Mutter?", fragte sie leiser. Doch die Frau ignorierte das. Scharf stellte sie eine Gegenfrage: „Wo ist sie? Wenigstens du musst doch wissen, wo sie ist! Sie ist deine Mutter! Also heraus mit der Sprache. Wo ist sie?" Ihre Hände griffen grob nach Evs Schultern und schüttelten sie heftig.

Es war Noah, der ihr als erster half, indem er die Arme der Frau festhielt. Dann stand auch schon Mizan neben ihm, und Samson unterbrach sein Gitarrenspiel und rannte auf sie zu. Auch die Kunden kamen näher und bildeten einen Kreis um sie.

Da verlor die Frau die Nerven. „Du bist genauso ein Miststück wie deine Mutter", schrie sie. „Bestell ihr das von mir: Gib mir meinen Sohn zurück. Verstehst du? Sie soll mir meinen Sohn wiedergeben!"

Schwankend drehte sie sich um. Als sich schweigend der Kreis öffnete, stolperte die Frau eilig zu ihrem Auto. Während sie mit heulendem Motor unsicher davon fuhr, kam Brigitte aus der Lagerhalle.

„Oh je, schon wieder Frau Kleinschmitt! Wollte sie wieder …", kommentierte sie kopfschüttelnd. Doch ein Blick auf Evs leichenblasses Gesicht ließ sie verstummen. Tröstend umarmte sie Ev: „Nimm es nicht so schwer, Kind. Die war betrunken. Und wenn du Fragen hast, stell sie nachher!"

**

Später, wenn Ev an diesen Tag zurückdachte, wunderte es sie nicht, dass NaNe und sie danach unterschiedliche Wege gingen. Rückblickend war das verständlich, denn sie verfolgten nun andere Ziele. Aber in den Osterferien und erst recht danach bedrückte es sie sehr.

**

Doch vorerst war alles einfach verwirrend. Deshalb war sie froh, dass Noah nach Ende der Tafel ein paar Flaschen Wasser, Cola, Chips, Erdnüsse und sogar eine Packung Scheibenkäse organisierte und eine „kleine Musikparty" vorschlug.

Samson war begeistert, und auch Mizan freute sich, nicht sofort in die bedrückende Gemeinschaftsunterkunft zurückkehren zu müssen. Sie setzte sich neben Samson auf die kleine Mauer im Hof. Der zupfte einige Töne aus den Saiten und kündigte dann an: „Solo für Mizan!"

Ihre Stimme klang warm, tief und sehr klar. Zuerst sang sie eine schwermütige Melodie, ausdrucksvoll, mit viel

Gefühl. Aber als sie bemerkte, wie sich Tränen in Evs Augen schlichen, wechselte sie schnell zu stark rhythmischen, fröhlichen Songs, was Ev gefiel. Manchmal stimmte Samson ein und beide strahlten, wenn Vorübergehende stehen blieben und applaudierten.

Ev und Noah hockten relativ dicht nebeneinander auf den Treppenstufen, auf einer Plastikfolie, die Noah ausgebreitet hatte. Sie konnte seine Körperwärme spüren und einmal berührten sich ihre Hände versehentlich. Es war ein angenehmes Gefühl, fand sie. Als Samson ironisch lächelnd „Harry Belafonte: Banana-Song" ankündigte und dann eine urkomische Parodie hinlegte, prostete ihr Noah mit der Wasserflasche zu. Sie lächelte und fühlte sich so leicht wie lange nicht mehr.

***

Brigitte öffnete die Tür, und sofort stieg ihnen ein verführerischer Essensduft in die Nasen. „Hmm, lecker!", bemerkte Noah. „Kochst du auch so gut wie du unterrichtest?"

Brigitte lachte, aber Ev kommentierte sarkastisch: „Schleimst du dich jetzt etwa bei Brigitte ein?" Noah grinste: „Na klar doch, immer, wenn es etwas zu essen gibt!"

Dann beobachtete er interessiert, wie Tobi erschien und Ev erst freundschaftlich umarmte und ihr dann auf jede Wange einen kleinen Kuss drückte. Bei Noahs Blick errötete Ev; zum ersten Mal überlegte sie, ob das Begrüßungsritual von NaNe, Nahi, Tobi und ihr auf Außenstehende einen falschen Eindruck machen könnte.

Tobi boxte Noah freundschaftlich gegen die Brust. „Kommt in die Küche! Omas Lasagne ist wirklich köstlich!"

Tobi hatte Recht, und der Nachtisch – Schokoladeneis mit heißer Vanillesoße – hob die Stimmung noch mehr. Daher hatte Ev keine Lust, das heikle Thema der alkoholisierten Frau anzusprechen und befragte stattdessen Tobi nach Nahi. Tobi verdrehte die Augen. Er und NaNe hatten Nahi auf vielen Behördengängen begleitet, zum Verzweifeln!

Noah bestätigte das mit einer leichten Kopfbewegung. Offenbar kannte er die Behörden aus eigener Erfahrung. Andererseits … andererseits… .

Als Tobi stockte, warf seine Oma ein: „Andererseits geben dir die Behördengänge die Möglichkeit, oft mit Nahite zusammen zu sein."

Tobi nickte. Verständnisvoll streichelte Oma seinen Arm, und Ev wunderte sich, dass Tobi sich das gefallen ließ. Normalerweise durfte seine Oma das nicht, wenn andere Jugendliche dabei waren. Offensichtlich vertraute er Noah; Noah würde ihn nicht vor anderen lächerlich machen. Irgendwie freute Ev das.

Brigitte stand auf und holte sich aus dem Schrank eine angebrochene Flasche Rotwein. Sie goss sich ein Glas ein und legte Ev kurz die Hand auf die Schulter, als sie sich wieder setzte.

„Tja", sagte sie, nachdem sie einen Schluck getrunken hatte. „Glaubt nur nicht, dass das Problem neu ist. Beziehungen zwischen unterschiedlichen Nationen, Religionen und auch, ja, sozialen Schichten wurden schon in meiner Jugend nicht toleriert."

Spontan wandte sie sich an Ev. „Deine Oma ist das beste Beispiel; sie könnte ein Lied von Diskriminierung singen, wenn sie noch lebte."

Als sie die Fassungslosigkeit in Evs Gesicht sah, fragte sie überrascht: „Soll ich es lieber nicht erzählen?"

Ev hatte keine Ahnung, wovon Brigitte sprach, und rea-
gierte deshalb erschrocken.
Bitte nicht noch ein Familiengeheimnis!
Doch dann siegten ihre Neugier und auch ihr Verstand.
*Wenn ich verstehen will, was bei uns eigentlich vorgeht,
muss ich alles wissen.* Sie fühlte Ärger in sich aufsteigen.
*Was alles zum Teufel haben mir eigentlich Mama und
Papa verschwiegen?*
Sie schluckte kurz. Noahs schwarze Augen blinzelten ihr
aufmunternd zu. „Doch! Bitte erzähle!"
Tobis Oma stocherte kurz in einem Lasagne-Rest.
„Wahrscheinlich hat niemand von euch eine Idee davon,
wie es für Teenager in den 60er Jahren in Deutschland
war. Unser Problem waren die Beziehungen zwischen
Gastarbeitern und uns Einheimischen. In unserer Schule
waren alle Mädchen in Carlos verliebt. Er kam aus Spani-
en, sah toll aus: braune Augen, schwarze Locken, ge-
bräunte Haut, groß, schlank. Er war einfach süß! Sein
Akzent machte ihn noch attraktiver. Wir hatten einen
richtigen Wettstreit: Welches Mädchen würde Carlos in
die Eisdiele einladen? Wen schaute er besonders lange
und intensiv an? Hatte er einer einen Zettel zugesteckt?"
Evs Blick streifte kurz Tobi, dann senkte sie die Augen,
aber innerlich musste sie schmunzeln. *Wie NaNe und ich!
Tobi, unser Schwarm, all unsere Gedanken drehten sich
um dich! Hast du das eigentlich gemerkt? Oder hast du
uns nur in Kauf genommen, um mit Nahi zusammen sein
zu können?*
„Aber es gab nur eine, für die sich Carlos interessierte",
fuhr Brigitte fort. „Und das war Monika, Eva-Marias Oma.
Sie war die hübscheste von uns, und wir anderen Mädchen wurden total eifersüchtig, als sie anfing, mit ihm zu
gehen."

„Wieso gehen? Wohin gingen sie?", fragte Noah, und Tobis Oma grinste: „Aha, Generationsunterschied. Das könnt ihr ja nicht wissen. Mit jemandem gehen hieß damals: mit jemandem fest befreundet sein, verliebt sein. Carlos und Monika gingen also miteinander."

Sie zögerte einen Moment und ihr Gesicht umwölkte sich.

„Aber da fingen die Probleme für die beiden an, und wir anderen waren später froh, dass wir uns nicht ernsthaft in Carlos verliebt hatten."

„Wieso?", fragten Noah und Tobi gleichzeitig.

„Wahrscheinlich kann euch das Eva-Maria viel besser erzählen als ich."

Nein, natürlich konnte sie das nicht. Sie schüttelte den Kopf. „Oma Monika ist vor meiner Geburt gestorben, und ich weiß nichts von Carlos!"

Brigittes erstaunter Blick irritierte sie. „Ich kenne nur Opa Manfred!" Ihre Stimme klang aggressiv. *Vorsicht, Ev.* Sie ermahnte sich selbst.

Was machte sie wütend? Doch nicht Brigitte! Es war ihre eigene Mutter, über deren Verschwiegenheit sie sich ärgerte.

Tobis Oma schwankte einen Moment, ob sie mehr erzählen sollte. Durfte sie diesem innerlich verletzten jungen Menschen die Wahrheit sagen? Ja, sie musste es tun. Nur wenn Eva-Maria ihre Situation verarbeitete, würde es ihr besser gehen. Und dazu mussten alle Fakten auf den Tisch.

Brigittes Bericht fiel kurz und sachlich aus:

Monikas Eltern waren absolut gegen ihre Beziehung zu einem Ausländer. Aber Monika riskierte eher den Bruch mit ihren Eltern, als Carlos aufzugeben. Erst als sie schwanger wurde, änderte sich die Haltung ihrer Eltern. Nun forderten sie sogar eine Heirat.

„Na klar", erklärte Tobis Oma in die ungläubigen Blicke der Jugendlichen, „das war damals so: Uneheliche Kinder galten als eine Art Schande, weil vorehelicher Sex tabu war. Eigentlich. Die Realität war natürlich anders. Aber es gab keine Pille."

Sie schüttelte ihren Kopf, weil sie es selbst kaum mehr glauben konnte. Jungfräulichkeit, Muss-Ehe, Verhütungsprobleme, § 218 – das alles war erst 50, 60 Jahre her. Welches Glück, dass sich die Zeiten so geändert hatten, dass die Generation ihrer Enkel sich so etwas überhaupt nicht vorstellen konnte.

„Monika und Carlos heirateten also, und der Sohn Philip bzw. Felipe wurde geboren."

Als Ev überrascht die Luft anhielt und ein erstauntes „Was?" unterdrückte, war Brigitte sicher, dass das Mädchen auch das nicht wusste. Deshalb versuchte sie möglichst emotionslos den komplizierten weiteren Verlauf der Liebesgeschichte zu erzählen.

„Trotz aller gesellschaftlichen Schwierigkeiten waren Monika und Carlos glücklich. Aber dann gingen sie zusammen nach Spanien, wohin Carlos´ Eltern direkt nach der Heirat der beiden zurückgekehrt waren. Ich glaube, der Vater starb und Carlos übernahm den Hof. Was dann passiert ist, wissen wir nicht. Monika hat nie darüber gesprochen. Jedenfalls kam sie nach ein paar Jahren zurück mit einer kleinen Tochter, deiner Mama Cecilia, Eva-Maria. Ohne ihren Mann und ihren Sohn. Sie zog bei ihren Eltern ein. Wir wissen nichts Genaues, nur, dass Carlos und Felipe tot waren. Ein Unglück. Mehr nicht. Monika trauerte sehr, aber sie redete nicht darüber. Sie heiratete aber bald Manfred, einen Schulfreund. Natürlich

haben wir - die ehemaligen Klassenkameradinnen - uns
darüber gewundert. Aber eigentlich war es logisch. Monika wollte weg von ihren Eltern, sie wollte einen Vater
für Cecilia, und Manfred brauchte eine bürgerliche Fas-
sade. Warum? Er war schwul, und Homosexualität war
damals noch strafbar."

Wieder musste Brigitte eine Pause machen, weil sie sich
klarmachte, welchen Wandel die Gesellschaft inzwischen
vollzogen hatte. Die Jugendlichen schüttelten ungläubig
ihre Köpfe, aber sie fragten und kommentierten nicht. Sie
wollten die Geschichte zu Ende hören.

„Jedenfalls schienen die beiden glücklich nebeneinander
zu leben. Sie bekamen keine Kinder. Manfred kümmerte
sich um Cecilia, als ob sie seine leibliche Tochter wäre,
und Monika deckte ihn immer, wenn er sich mit seinem
Freund traf.

Aber den Verlust von Mann und Sohn hat sie nie ver-
wunden. Kurz nachdem Cecilia und dein Papa geheiratet
hatten, starb sie. Ich denke, an gebrochenem Herzen."
Die Jugendlichen schwiegen.

Evs Gedanken schwirrten durcheinander, aber eine Idee
drängte sich nach vorne: „War Oma Monika nie mehr in
Spanien? Hatte sie keinen Kontakt zu ihrer spanischen
Familie?"

Brigitte zuckte die Schultern. „Ich weiß nur, dass sie einmal eine Spanien-Reise gemacht hat. Mit Cecilia, kurz vor
deren Hochzeit. Ich denke, es war eine typische Sightsee-
ing-Tour. Aber keine Ahnung – vielleicht hat sie ihrer
Tochter auch den Hof ihrer Großeltern und ihres Vaters
gezeigt, vielleicht haben sie Verwandte getroffen. Hat dir
denn deine Mama nie …".

Brigitte biss sich auf die Zunge.

Es war offensichtlich, dass Eva-Maria keine Ahnung hatte. Sie war blass, und ihre Fäuste lagen zusammengekrampft auf dem Tisch. Sanft legte Noah seine rechte Hand über ihre linke, und Ev blickte ihn dankbar an. Langsam entspannte sich ihre Hand.

Tobi und seine Oma lächelten sich zustimmend an.

5 Fluchtpläne

Sehr genau planen sie ihre Flucht· Schließlich hängt die Zukunft davon ab.

Die neuen Namen und die Fake-Adressen sind auswendig gelernt; das Finanzielle ist geregelt· Aus unterschiedlichen Richtungen werden sie anreisen und sich am Hauptbahnhof treffen· Auf der Toilette tauschen sie ihre Kleidung· Zurück auf dem Bahnhofsgelände gilt: kein Blickkontakt mit den Polzisten und Polizistinnen, Vermeiden der Überwachungskameras· Sich nicht ansprechen lassen· So schnell wie möglich in eine S-Bahn zum Stadtzentrum· Bei Galeria Kaufhof alles kaufen, was sie brauchen: neue Kleidung, Rucksäcke, Schlafsäcke, Lebensmittel für eine halbe Woche· Dann werden sie eine S-Bahn oder den Regionalexpress nehmen· Am Ziel aussteigen und in den Wald wandern· Bis sie den Wohnwagen finden·

Ob sie jemanden einweihen? Vielleicht einen verlässlichen Freund oder die beste Freundin? Besser nicht! Aber das müssen sie nochmal diskutieren·

6 Osterferien Zweiter Teil

Ev verordnete sich zwei Tage Kontaktsperre. Sie brauchte
Ruhe.

Das Haus war leer, als sie nach dem Abendessen bei Brigitte ankam. Wahrscheinlich hatte Papa - nein, der Erzeuger, sagte eine Stimme in ihrem Kopf, aber sie klang
sehr schwach. Also: Entweder hatte Papa Bereitschaftsdienst, oder er war bei dieser Frau. Komischerweise fühlte Ev bei dem Gedanken keinen Stich im Herzen. Was sie
bedrückte, war viel schwieriger.

, Unsere Ehe war ein Fehler. '

*Okay. Ich finde das nicht, aber Mamas Aussage ist in
Ordnung; schließlich ist es ihre Meinung. Doch was heißt
das für mich? Bin ich auch ein Fehler?*

Ohne Gewissensbisse ging sie direkt in Mamas Zimmer.
Sie durchforstete die Reiseführer. Ja, ihre Vermutung
stimmte: Es gab kein Buch mehr über Spanien. Das Album mit den unbekannten Familienfotos klemmte sie
sich unter den Arm.

Als sie den zerfledderten Briefumschlag öffnete, wartete
eine Überraschung auf sie. Keine Kataloge, sondern
selbstgemachte Jahreskalender mit den jeweils aktuellen
Fotos von ihr – als Baby, als Kleinkind, als Schulmädchen
in der Grundschule. Das kannte sie von Opa Manfred, der
jedes Jahr zu Weihnachten so einen Kalender bekommen
hatte. Er bewahrte sie in einem kleinen Korb in seinem
Zimmer im Seniorenheim auf.

Woher kamen also diese Kalender?

Im Umschlag fand sie einen weiteren. In der Handschrift
ihrer Mutter war eine spanische Adresse angegeben.
Diese war durchgestrichen, darüber ein offizieller spani-

scher Stempel, den Ev nicht entziffern konnte. Sie vermutete so etwas wie „zurück an Absender".

Auch dieses Päckchen nahm sie mit.

In ihrem Zimmer machte sie es sich mit Kerzen gemütlich. Sie dachte an Noah und ertappte sich dabei, wie sie eine fröhliche Melodie summte. Wenigstens Noah musste informiert werden.

„Sorry, brauche ein bisschen Zeit zum Nachdenken. Melde mich in den nächsten Tagen."

Dann rief NaNe an. Ev drückte sie weg, schließlich hatte sie Kontaktsperre.

Aber NaNes WhatsApp konnte sie nicht ignorieren: „Hab dich nicht erreicht. Schade. Bin jetzt weg. Wie immer Osterurlaub. Denk an mich und drück mir die Daumen. Deine NaNe."

Das war das Letzte, was Ev von NaNe hörte. Und später bereute sie bitter, dass sie nicht mit der Freundin telefoniert hatte.

Leider halfen ihr auch zwei Tage Kontaktsperre nicht viel weiter. Im Gegenteil. Noah meldete sich nicht, und das bereitete ihr zusätzliche Probleme.

Nicht darüber nachdenken, es wird sich klären.

An diesen Gedanken klammerte sie sich, um ihre Familiensituation analysieren zu können. Aber auch da kam sie zu keiner Lösung.

Nur Fragen über Fragen. Warum hatte Mama ihr nie etwas über die spanische Familie erzählt? Weil ihre Mutter diese verdrängte? Oder weil es schreckliche Geheimnisse gab, zum Beispiel über den Tod von Carlos und Felipe?

Ev stellte sich einen Opa Carlos vor. Graumeliert, immer noch schlank und attraktiv. Der Schwarm aller älteren

Damen wie Brigitte und deren Freundinnen. Sie musste schmunzeln.

Dann beschloss sie, mal wieder Opa Manfred im Seniorenheim zu besuchen. Vielleicht würde Noah mitkommen?

Es klopfte an ihre Tür. Papa. *Ach nein*, verbesserte sie sich schnell, *nur der Erzeuger*. Dann schüttelte sie instinktiv den Kopf. Denn auch dieses Etikett schien nicht mehr zu stimmen.

Vorsichtig öffnete sie einen Spalt und schleuderte schnell alle wichtigen Informationen hinaus: „Mama geht es gut. Eure Ehe war ein Fehler, das sieht sie jetzt ein."

In die fragenden Augen ihres Vaters schloss sie die Tür mit einem Knall. Doch etwas ließ ihr keine Ruhe. Durch einen winzigen Türspalt rief ihr Mund: „Bin ich auch ein Fehler?"

Es dauerte einen Moment, bis ihr Vater begriff. Zu spät. Die Tür war geschlossen, er konnte keinen Fuß hineinstellen.

Er klopfte. Keine Reaktion. Er pochte lauter: „Eva-Maria, natürlich bist du kein Fehler! Was soll der Quatsch? Weder deine Mutter noch ich haben dich jemals als Fehler gesehen. Wir sind froh, dass wir dich haben!"

Trotzdem fragte sich Ev, ob sie das Kind einer „Muss-Ehe" war. Vielleicht gab es das ja auch noch im 21. Jahrhundert bei besonders religiösen Familien?

Wieder klopfte ihr Vater, wieder dieselbe Bitte: „Lass uns reden!"

Hinter der verschlossenen Tür schüttelte Ev ihren Kopf. Nein, noch war sie nicht bereit. Sie musste zuerst die Situation klarer analysieren. Denn wenn Mama ihre Ehe als Fehler sah, konnte Ev dann wirklich nur ihrem Vater die Schuld geben? Dieser Gedanke war neu und musste gut durchdacht werden.

Also rief sie in eine Klopfpause: „Vielleicht später! Erstmal brauche ich Zeit!"

„Okay", die Stimme ihres Vaters klang erleichtert, „pass so lange gut auf dich auf, Kleines!"

Als seine Schritte im Treppenhaus verhallten, hätte sie am liebsten ihren Vorsatz vergessen, erstmal Klarheit zu gewinnen. Am liebsten wäre sie wie zu Kinderzeiten hinter Papa hergerannt und hätte sich in seine Arme geworfen. Aber das verbot sie sich.

Das Fotoalbum zeigte eine hoffnungslos altmodische Familie. Irgendwo auf einem Dorf. Vor urendlichen Zeiten. Leiterwagen, Kühe, Ziegen, Hühner. Pferde, die einen Pflug zogen. Frauen in dunkler Kleidung, mit Kopftüchern. Nein, nein - nicht mit muslimischen Kopftüchern, auf keinen Fall so schick, wie Nahi ihre Kopfbedeckung trug. Sondern schwarze, zu Dreiecken gefaltete Tücher, die unter dem Kinn gebunden wurden – als Schutz gegen Staub oder die Sonne.

Ein Foto fesselte Evs Blick. Es zeigte eine alte Frau, jedenfalls wenn man ihre schwarze Kleidung und ihr Kopftuch betrachtete. Aber ihr Gesicht war relativ faltenlos, und auch die Figur unter dem schwarzen langen Kleid war recht schlank. Sie hielt ein Baby im weißen Kleidchen im Arm. Konnte das – war das Mama als Baby? Vielleicht mit Carlos´ Mutter? Hatte Brigitte nicht gesagt, dass Mama in Spanien geboren war?

So sehr sich Ev auch bemühte - natürlich konnte sie keine Familienähnlichkeit entdecken. Aber die alte Frau mit dem jungen Gesicht schaute zärtlich und fürsorglich; und Ev wollte gern glauben, dass dies Carlos´ Mutter war mit ihrer Enkeltochter, also Evs Mama Cecilia.

Nachdem sie den Umschlag mit den Fotokalendern mehrfach untersucht hatte, drängte sich ihr der Schluss auf, dass es offenbar Kontakte ihrer erwachsenen Mama nach Spanien gegeben hatte. Vielleicht zu Carlos´ Mutter, das wäre ihre Uroma und Mamas Oma.

Wieder schaute sie auf das Foto von der Frau mit dem Baby. Vielleicht hatte Mama immer zu Weihnachten ihrer Oma Jahreskalender mit der kleinen Eva-Maria geschickt? Irgendwann war Uroma gestorben, und jemand hatte die Kalender zurückgeschickt.

Ja, das machte Sinn.

Ev erinnerte sich an Mama erste Mail. „Ich habe meine Heimat gefunden." Sie hatte den Begriff psychologisch gedeutet: Mama fühlte sich irgendwo zu Hause.

Doch inzwischen war Ev überzeugt, dass sie ihre Mutter in Spanien suchen musste.

Aber Spanien war groß.

Ev seufzte.

Blieb noch ein Umschlag übrig; ein neuer, in den sie selbst die Schnipsel aus dem Papierkorb geschoben hatte. Ihre Finger zitterten, als sie ihn öffnete. Vorsichtig puzzelte sie die zerrissenen Papierfetzen zusammen. Als sie so etwas wie ein fast vollständiges Bild hatte, riss sie die Augen ungläubig auf.

Sie hätte sich die Mühe sparen können.

Ja, das war mal ein Brief gewesen. Mit Anrede und Schluss. Aber zwischendrin ... irgendeine Flüssigkeit hatte viele Schriftzeichen verwischt. Wasser? Tränen?

Sie versuchte den Text zu entziffern.

Lieb Fleck *Ma* Fleck
Fleck *tut mir sehr leid* Fleck *wehtue, aber* Fleck
brauche Ruhe Fleck *Entscheidung treffen* Fleck
bitte verstehe Riesenfleck

hab dich -trotz allem - Fleck *sehr lieb*
deine Ce Fleck

Also hatte Mama einen Abschiedsbrief an sie geschrieben, aber dann zerrissen. Vielleicht wegen der vielen Tränen. Ev freute sich über diese Geste.
Dann runzelte sie die Stirn. Irgendetwas passte nicht.

***

Im Flur des Seniorenheims roch es nach Desinfektionsmitteln. Als niemand auf Evs Klopfen reagierte, öffnete sie vorsichtig die Tür.
Opa Manfred lag im Bett und atmete schwer. Neben ihm saß ein unbekannter, zarter alter Mann mit dünnem weißen Haar. Er hatte Tränen in den Augen und hielt Opa Manfreds linke Hand fest umklammert. Ev musste nicht nachdenken. Aufgrund von Brigittes Erzählung war sie sicher, wen sie vor sich hatte: den Lebenspartner von Opa Manfred.
Die Tür ließ sich leider nicht leise schließen, und der Mann neben dem Bett schaute auf. Er blinzelte einen Moment fragend, doch dann lächelte er.
„Schau mal, Manfred, hier kommt eine großartige Überraschung."
Er stand ein wenig unsicher auf und winkte sie freudig ans Bett. „Manfred, hier kommt unser Schatz. Unsere kleine Eva-Maria. Allerdings ist sie ein bisschen gewachsen."
Er lächelte und drückte sie ohne Umstände an sich. Dann schob er sie auf die Bettkante.
Sie beugte sich über Opa Manfred und küsste seine stoppelige Wange. Der streichelte ihre Haare.

„Ich bin so froh, dass du da bist", flüsterte er. „Jetzt kannst du endlich Klaus kennenlernen. Dich kennt Klaus gut. Du warst für ihn immer eine Enkeltochter. Unsere einzige."

Ev musste schlucken; sie fühlte sich gerührt. Hier schenkte ihr ein alter Mann seine großväterliche Zuneigung, einfach nur weil sie da war, weil sie die Tochter von Cecilia war.

„Klaus ist nämlich…". Opa Manfreds Erklärungen schnitt sie ab. „Ich weiß", antwortete sie nüchtern, „Brigitte hat es mir erzählt."

Die beiden Männer lächelten sich an.

„Ach ja, Brigitte. Wie gut. Sie erzählt Geheimnisse nur, wenn es notwendig ist. Also war es notwendig?"

Ev nickte und kramte die Mitbringsel aus ihrer Tasche, um Zeit zu gewinnen.

„Es ist wegen Mama", sagte sie dann.

***

Gerade als sie sich am nächsten Morgen auf den Weg zur Tafel machen wollte, klingelte es.

Noah.

Er sah verändert aus. Seine wild wuchernden Locken waren in Form geschnitten und ließen sein Gesicht erwachsener erscheinen. Sein roter fadenscheiniger Pullover war gegen eine braune Lederjacke ausgetauscht, und die schwarze ausgebeulte Stoffhose hatte einer eng sitzenden Jeans Platz gemacht.

„Ey", entfuhr es ihr, „willst du zu einer Modenschau oder was?"

Enttäuscht sah er sie an. „Gefällt es dir nicht?"

Doch, es gefiel ihr gut. Sehr gut sogar. Er sah deutlich erwachsener aus. Die Sache war nur … ihre eigenen Klamotten … selbstkritisch sah sie an sich herunter.

„Du siehst toll aus, wie immer!" Natürlich hatte Noah ihre Gedanken sofort durchschaut. „Aber Samson und Mizan fanden, dass ich etwas für mein Outfit tun müsste. So wie ich aussah, konnten sie sich nicht mit mir sehen lassen. Sie haben mich in einen Secondhand-Shop entführt. Und ich durfte nicht eher raus, bis ich etwas gefunden hatte, was beiden gefiel!"

Ev musste lachen. Typisch für die zwei! Wie alle afrikanischen Flüchtlinge, die sie kannte, legten sie viel Wert darauf, modisch und schick gekleidet zu sein.

„Solch tolle Sachen gibt es Secondhand?"

Tatsächlich! Und eigentlich war das viel nachhaltiger, als immer neue Kleidung zu kaufen - da waren sich Ev und Noah sofort einig. „Zumal man ja gar nicht weiß, wie viele Kinder im Ausland an der Produktion neuer Kleidung beteiligt sind, wie viele Frauen nur einen Hungerlohn bekommen, ob es Arbeitsschutz gibt, wieviel Wasser verbraucht und wieviel Land vergeudet wird, statt es für die Produktion von Lebensmitteln zu nutzen…".

Als sie auf ihre Fahrräder stiegen, waren sie mitten in der Planung eines neuen Projektes. „Arbeitstitel: Schicke Kleidung, aber nachhaltig!" , formulierte Noah. „Aber wir haben noch nicht mal mit dem Tundra-Projekt angefangen. Und auch nicht mit den weggeworfenen Lebensmitteln", warf Ev kritisch ein.

„Na und? Dann brauchen wir mehr Leute. Was ist mit Daniel, NaNe, Tobi und den anderen von S4N? Vielleicht müssen wir einfach mal ein Ferien-Meeting machen?"

Das war eine gute Idee, fand Ev.

***

Leider mussten sie bei dem Ferientreffen ohne NaNe, Nahi und Tobi auskommen.

Wie immer in den Osterferien würde NaNe mit ihrer Mutter in Griechenland sein - davon ging Ev nach NaNes Abschieds-WhatsApp aus.

„Ich wäre jetzt auch gern im Süden", schrieb sie zurück.

„Denk an mich, wenn du im Bikini in der Sonne liegst. Wenn ich im Winteranorak ein Eis in unserem nördlichen Frühling genieße, schicke ich dir tausend Grüße. Deine Ev."

Doch die große Überraschung gelang Nahi. Sie klingelte ohne Vorankündigung und zeigte ihr strahlend ein gebrauchtes Damenfahrrad. Sefi winkte ihr aus dem Hintergrund zu.

„Schau mal, das Fahrrad haben mir meine Eltern zu Ostern geschenkt. Sie wollen, dass ich gut Fahrrad fahren lerne, wie ein deutsches Mädchen. Ich übe jetzt."

Sie zwinkerte Ev zu, und Ev fiel ein Stein vom Herzen. Also hatte der Unfall keine schlimmen Folgen, im Gegenteil!

Sie drückte Nahi fest an sich und diese murmelte fast unverständlich in ihr Ohr: „Kümmere dich um Tobi!"

Dann, nachdem sie Ev fest umarmt und ihr Küsse auf beide Wangen gedrückt hatte, sagte Nahi laut: „Morgen fahre ich zu meiner Tante nach Stuttgart. Sefi sorgt natürlich gut für die Familie. Aber …" , ihre Stimme wurde etwas leiser,„ falls es Probleme gibt, mit den Behörden oder so, kannst du bitte Sefi helfen?"

Natürlich konnte Ev das. „Nichts lieber als das!" Sie nickte Sefi zu, und Nahi umarmte sie nochmals, sehr erleichtert.

Von Tobi selbst erfuhr sie nichts; aber Tobis Oma teilte ihr beiläufig bei einem Tafel-Termin mit, dass sich Tobi in Süddeutschland aufhielt. Mit den Pfadfindern.

Also ein Ferientreffen von S4N mit …, ja mit wem eigentlich? Nur mit Noah und ihr?

Ev musste sich eingestehen, dass sie diesen Gedanken eigentlich ziemlich gut fand. Aber natürlich ging es nicht. Sie musste auf jeden Fall Tom und Elisa einladen und eigentlich auch Daniel. Und vielleicht auch die beiden aus der neunten Klasse.

***

Doch vorher hatte sie noch einmal eine unangenehme Begegnung mit der BMW-Fahrerin bei der Tafel.

Ev verteilte gerade Salat und Käsepäckchen in verschiedene Taschen, als eine Autotür knallte. Im Parkverbot stand ein schwarzer BMW. Ein kurzer Blick zeigte ihr, dass die mondän Aufgemachte schnurstracks auf sie zueilte.

Mizan neben ihr war schneller. Sie pfiff gellend auf zwei Fingern und schob gleichzeitig mit der anderen Hand Ev in die Lagerhalle. Samson erschien in Sekundenschnelle. Beide, Mizan und er, blockierten sofort die Tür. Als die Frau heftig auf sie einredete, schauten sie dunkle Augen unschuldig an. Leider, leider, leider no verstehen Deutsch. Sorry, no German.

„Perhaps Brigitte …?" Mizan berührte die Frau sanft am Ellenbogen. „Let´s see Brigitte."

Durch einen Spalt in der Tür sah Ev, wie die Frau ausrastete. „Brigitte, Brigitte – die hätte mir gerade noch gefehlt. Die steckt doch mit beiden unter einer Decke! Brigitte ist ein …"

Doch als plötzlich Brigitte erschien und sanft auf sie einredete, gab sie ihren Widerstand auf. Schluchzend ließ
sie sich zum BMW führen.

„Ich verspreche dir", Ev hörte Brigittes Stimme nur
schwach von weitem, „… wenn … weiß… sage dir sofort
Bescheid! Sofort! Versprochen."

Dankbar nickte ihr die BMW-Fahrerin zu; dicke Tränen
rollten über ihre Wangen. Dann setzte sie ihr Auto zurück
und war verschwunden.

***

„Ich schulde dir noch eine Erklärung, oder?"

Ev hörte Brigittes Stimme an, dass die eigentlich keine
Lust auf Erklärungen hatte. Und genau genommen, hatte
Ev das auch nicht, aber Noah neben ihr nickte. Ev seufz-
te, er hatte Recht.

Was half es, die Wahrheit weiter hinauszuschieben? Also
nickte sie auch. Im Hintergrund hockten Samson und
Mizan über der Gitarre und stimmten düstere Melodien
an. Gut so. Das passte zur Situation.

Brigitte deutete mit dem Kopf auf Noah. Sollte er bleiben? Sensibel wie er war, erhob sich Noah. Aber Ev
stoppte ihn: „Nein, bitte, bleib. Ich habe keine Geheimnisse vor dir. Du bist mir eher … ja, du bist mir eine Hilfe."

Ein erleichtertes Lächeln umspielte Noahs Mundwinkel,
und er setzte sich dicht neben Ev. Sie rutschte noch näher an ihn. *Kein Abstand,* dachte sie. *Ich ertrage alles,
wenn er ganz nah bei mir ist.*

Offenbar fiel es Tobis Oma schwer, ihre Gedanken in eine
klare Reihenfolge zu bringen.

„Ähh, womit soll ich anfangen? Sind sie ein Paar? Ich
weiß nicht. Niemand weiß es. Sie sind sehr diskret."

In Evs verständnislosen Blick hinein sagte sie: „Tut mir leid, Eva-Maria. Ich war etwas ungeordnet. Was ich sagen wollte …"

Wieder eine Pause. Offenbar arbeitete Tobis Oma hart an den richtigen Worten, weil sie Ev nicht verletzten wollte.

„Was ich jetzt sage, ist ein Gerücht. Niemand weiß Genaueres. Man sagt, Cecilia und ihr Mann gingen getrennte Wege. Schon seit längerem. Er habe eine andere Frau, eine Kollegin."

Fast unmerklich senkte Ev ihren Kopf.

„Aber sie, ich meine Cecilia, auch sie hätte einen anderen." Erstaunt blickte Ev auf. „Matthias. Den Sohn von Frau Kleinschmitt – du weißt, die BMW-Fahrerin."

Evs Augen bohrten sich in Brigittes Gesicht.

„Bisher ging alles gut. Denn die Affären waren diskret. Aber irgendwie … seit einer Woche ist alles verändert. Cecilia ist verschwunden, und kaum einen Tag später ist auch Matthias nicht mehr auffindbar. Kein Wunder, dass die Gerüchteküche überbrodelt. Und Frau Kleinschmitt, ich meine, Matthias´ Mutter, erzählt überall, dass die böse Cecilia den lieben Matthias in eine Falle gelockt hat."

Brigitte unterbrach sich selbst.

Dann zog sie impulsiv Ev in ihre Arme. „Hör zu, Kind", flüsterte sie, „egal, was deine Mama gemacht hat oder auch nicht - sie hat auf jeden Fall ein Recht auf ihr eigenes Leben. Sie hat nur das eine. Und sie soll das Beste daraus machen. Egal, ob es vorher Fehler gegeben hat. Jetzt muss sie das Beste daraus machen. Verstehst du?"

Brigittes Stimme verwandelte sich in ein Flüstern.

Spontan nickte Ev, dann schüttelte sie entschieden den Kopf. Jein. Natürlich hatte Mama ein Recht auf ein eigenes Leben. Aber sie hatte kein Recht darauf, ihrer Tochter nicht die Wahrheit zu sagen.

„Für wie kindisch oder schwach hält Mama mich eigentlich?", entfuhr es ihr. Sie wunderte sich selbst darüber, wie wütend sie klang.

Noahs Hand streichelte ihren Arm.

„Erwachsene sind manchmal einfach seltsam", sagte er nüchtern. Es klang wie eine selbstverständliche Tatsache.

„Ja, das ist so. Wir Kinder denken nur immer, dass sie alles besser können. Stimmt nicht. Sie können es nicht. Sie machen Fehler. Wir müssen ihnen verzeihen."

Zweifelnd starrte Ev ihn an. Musste sie ihrer Mutter verzeihen?

Oder genauer: Wollte sie das eigentlich?

***

Zu Hause las sie die zusammengefügten Briefschnipsel noch einmal. Sie ersetzte die Flecken in der Anrede und las:

Lieber Matthias!

Ja, das machte Sinn. Denn ehrlich, Mama hätte nie einen Brief an sie, Ev, unterschrieben mit

„hab dich - trotz allem - sehr lieb. Cecilia".

Also hatte sie ihr anfängliches Gefühl nicht betrogen. Etwas war falsch. Nun wusste sie, was. Der Brief war nicht an sie gerichtet. Sondern an den Lover ihrer Mutter.

***

Eigentlich hätte Ev jetzt nochmal zwei Tage Auszeit gebraucht. Aber sie hatte etwas vorschnell am Ostersamstag zu einem gemeinsamen Frühstück des S4N-Teams bei sich zu Hause eingeladen. Top: Tundra-Erwärmung und Klimawandel.

Elisa und Tom brachten bunt gefärbte Ostereier und gute Laune mit. Noah hatte Fotos über Umweltschäden aus einer russischen Zeitschrift ausgeschnitten und legte einen selbst gebackenen Osterzopf auf den Tisch, neben Evs Marmelade, Käse und Butter. Daniel erschien zum Schluss und hatte für Getränke gesorgt: Orangen- und Tomatensaft. Natürlich alles Bio.

Er hatte seine Akne-Attacke überwunden und sah unverschämt gut aus – fand jedenfalls Ev. Doch seine Stirn zierten Sorgenfalten. Auf Evs Nachfrage antwortete er einsilbig; irgendwie schien er unzufrieden, dass NaNe und Nahi fehlten.

„Gönn ihnen doch ihren Urlaub", Ev klang locker.

„Urlaub? Ich weiß nicht …". Daniels Sorgenfalten verstärkten sich.

Ev wollte sich gerade näher mit Daniels Vorbehalten beschäftigen, als sie einen seltsamen Blick von Noah auffing. Aufmerksam und … ja, ein bisschen misstrauisch.

Elisa und Tom lösten die Spannung, indem sie sich mit einem „Hmmm, lecker!" über die Speisen hermachten und dann mit vollem Mund Noah über das Tundra-Problem ausfragten.

Noch während des Frühstücks verteilten sie die Forschungs-Aufgaben. „Wer geht dem Problem mit dem freigesetzten CO_2 und Methan-Gas nach? Und welche Auswirkungen es hat?" Elisa und Tom meldeten sich sofort. Noah bot an, sich mit der Frage nach Bodenschätzen, die die aufgetaute Tundra freigab, und deren möglicher industriellen Nutzung auseinanderzusetzen – er nannte es „die Ausbeutung der Tundra". Ev würde alles in einem ansprechenden Blog zusammenfassen.

„Und du, Daniel? Was untersuchst du?"

In diesem Moment öffnete sich die Küchentür. Evs Vater schaute überrascht herein. „Oh", sagte er, „das ist ja eine neue Besetzung. Jedenfalls fast. Oder seid ihr nicht S4N?" Doch natürlich waren sie SchoolsforNature.

„Aber NaNe, Nahi und Tobi sind in Urlaub, im Süden", stießen Elisa und Tom mampfend hervor. Bei dem Wort „Süden" schossen Daniels Augenbrauen in die Höhe und schienen sich zu Fragezeichen zu verknoten. Ev bemerkte dies zwar, aber mit Unverständnis.

Der einzige, der sich um Evs Vater kümmerte, war Noah. Er zog einen Stuhl zwischen sich und Daniel und schob Evs Vater darauf. Dann holte er einen Teller; aber bevor er ihn mit den Köstlichkeiten auf dem Tisch füllte, vergewisserte er sich, dass Evs Vater zustimmend nickte oder ablehnend den Kopf schüttelte. Endlich stand ein gut gefüllter Teller vor Evs Vater.

Er sieht schlecht aus, dachte Ev überrascht.

Überarbeitet oder voller Sorgen. Nicht genug Schlaf. Oder alles zusammen. Aber Noah macht es gut. Er sorgt für Papa.

Für einen Moment fühlte sie ein schlechtes Gewissen. Wer hatte sich eigentlich in der letzten Zeit um Papa gekümmert? Sie selbst? Auf keinen Fall; sie hatte Papa beschuldigt. Mama? Nein – wenn sie ehrlich war, sie konnte sich in den letzten Jahren nicht daran erinnern, dass sich Mama in irgendeiner Weise fürsorglich gegenüber Papa gezeigt hatte. Dabei war er häufig an seiner Grenze gewesen, eigentlich immer, wenn er seinen dreitägigen Bereitschaftsdienst hatte.

*Stopp! Du wirst mitleidig gegenüber deinem Vater! Hat er
das verdient?*
In gewisser Weise war sie froh, dass Noah ihr die Entscheidungen abgenommen hatte. Nun saß Papa mit am
Tisch und versuchte sich in die Thematik von der Tundra-
Erwärmung einzufinden. Nein, falsch. Er wusste viel und
konnte interessante Diskussionsbeiträge liefern. Noah
schien elektrisiert; Papas Ideen brachten ihn dazu, immer
mehr neue Details beizusteuern. Nicht nur Ev – alle waren fasziniert, wieviel Noah wusste. Sie selbst aber konzentrierte sich auf ihren Vater. Nie hatte sie ihm zugetraut, dass er sich für Umweltschutz interessierte. Schon
gar nicht, dass er so viele Kenntnisse besaß.
*Nichts ist, wie es scheint. Glaub mir Eva-Maria, niemand
ist so, wie er auf den ersten Blick erscheint.*
Opa Klaus´ Worte tauchten in ihrer Erinnerung auf, ebenso Opa Manfreds zustimmendes Kopfnicken.
Dann versank sie in ihren Gedanken. Die beiden alten
Männer hatten viel Verständnis gezeigt – für Mama, aber
auch für Papa. Und natürlich sehr viel zärtliche Fürsorglichkeit für sie selbst, ihre „kleine" Eva-Maria. Sie musste
lächeln.
Sie wachte aus ihren Gedanken auf, als Tom und Elisa
sich mit je zwei Küsschen von ihr verabschiedeten. „So
long! Wir melden uns, wenn wir erste Ergebnisse haben.
Frohe Ostern!"
Daniel schloss sich an. Er sagte halblaut für die Anwesenden: „Und wie gesagt, ich recherchiere, welche Konzerne
sich vom Auftauen der Tundra Profite versprechen können."
Auch er küsste sie knapp auf beide Wangen. Dabei murmelte er: „Wieso Süden? Seit wann wohnt NaNes Oma
im Süden?"

Verständnislos schüttelte Ev den Kopf. Was sollte das? War Daniel inzwischen zwar frei von Akne, aber durchgeknallt?

Übrig blieben Noah und Papa. Sie redeten intensiv. Wenn sie es richtig verstand, waren sie inzwischen beim Vergleich vom israelischen Pessahfest und dem christlichen Osterfest angelangt.

Laut klappernd räumte sie die Spülmaschine ein. Sie war einfach nur müde. Viel zu viele Informationen musste sie verarbeiten. Wann?

Als ihr ein Frühstücksbrettchen mit großem Geräusch auf den Fußboden fiel, waren sofort Noah und Papa an ihrer Seite.

„Kein Problem! Lass dir helfen!"

Sie ließ sich helfen. Und sie genoss es, dass sowohl Noah als auch Papa ihre Schultern zart massierten.

Dann machte sie sich frei.

„Jetzt nehme ich mir zwei Tage Auszeit. Ich muss nachdenken!"

Noah und Papa nickten.

***

Am Ostersamstag erhielt sie eine Mail von Mama. Eine rötliche Burg im untergehenden Sonnenlicht. Südländisch, nicht wie die hiesigen Burgen. Natürlich liebe Grüße. Außerdem ein Hinweis auf historisch bessere – weil wirklich tolerante – Zeiten. Und: Mama ging es gut. Ihr hoffentlich auch.

Ohne nachzudenken schickte sie das Foto an Brigitte. Sie hatte momentan keinen Nerv, spanische (davon ging sie nun aus) Burgen zu recherchieren. Sie hatte genug zu tun mit der Analyse ihrer eigenen Familie.

Brigittes Antwort kam prompt: „Granada."

Ev machte sich einen mentalen Knoten im Gehirn: Später
- Granada - Wikipedia.

Dann versuchte sie die Informationen aus dem Gespräch
mit Opa Manfred und Opa Klaus einzuordnen.

Zuerst: Opa Klaus.

Opa? Ja, das stimmte. Der alte Mann hatte sie als seine
Enkelin angenommen – adoptiert. „Manfred und ich
konnten natürlich keine eigenen Kinder haben. Aber wir
hatten Cecilia, Manfreds Adoptivtochter. Leider … ." Seine Stimme tröpfelte aus.

Leider was? Ev beschloss, dem später nachzugehen.

„Aber wir hatten dich, Eva-Maria. Du hast Opa Manfred
als Kind häufig besucht; später weniger. Aber das ist
normal. Und deine Mama hat uns - ich meine Manfred -
zu Weihnachten selbstgemachte Kalender mit Bildern
von dir geschenkt. Und Manfred hat natürlich immer
Fotos von deinen Besuchen gemacht. Selbstverständlich
hat Manfred alles mit mir geteilt. Wir waren, nein, wir
sind glücklich mit dir, unserer einzigen Enkelin."

Auch in der Erinnerung musste Ev gerührt schlucken.

Also – viel Zuneigung zu ihr selbst, als Enkelin. Was noch?
Ev hatte nach Muss-Ehe gefragt.

Muss-Ehe? Nein. Definitives Kopfschütteln. Weder Moni-
ka noch Manfred hatten Cecilia zu einer Ehe gedrängt. Im
Gegenteil. Wenn Muss - dann für Evs Papa, nicht für ihre
Mama.

Wie das?

Ja, Cecilia war schwanger. Aber – so fanden ihre Eltern
Monika und Manfred – das war kein Grund zu heiraten.
Früher vielleicht. Aber in den 2000er Jahren konnte eine
Frau ein Kind auch allein großziehen. Nicht weil Evs Papa
ein Hallodri gewesen wäre. (Ev nahm sich vor, später
Brigitte zu fragen, was ein Hallodri war). Nein, Evs Papa

war ein zuverlässiger und verantwortlicher Mensch.
„Aber die beiden passten nicht zusammen. Uns war klar, dass das auf Dauer nicht gutgehen würde. Vor allem Monika war gegen diese Ehe. Sie wollte für ihre Tochter die ultimative Liebe – wahrscheinlich so, wie sie selbst es mit Carlos erfahren hatte. Und sie fand, dass Cecilias Gefühle für deinen Vater etwas – na ja, etwas oberflächlich waren. Aber Cecilia drängte, sie wollte unbedingt heiraten. Dein Vater war unentschieden. Ich denke, eigentlich hatte er Angst davor, sich auf Dauer an Cecilia zu binden. Aber andererseits fühlte er sich in der Verantwortung für ihre Schwangerschaft.“

Also eine Muss-Ehe. Ev korrigierte sich. Nein, eine Zwangsehe. Mama hatte Druck ausgeübt, damit Papa sie heiratete. Warum?

Weder Manfred noch Klaus wussten eine zufriedenstellende Antwort.

„Die Ehe war ihr einfach wichtig. Vielleicht, weil wir als Eltern keine „echte“ Familie für sie bedeuteten? - Obwohl wir uns sehr bemüht haben!“, fügte Manfred traurig hinzu.

Unsere Ehe war ein Fehler! War Mama jetzt erst, nach fast 17 Jahren zu dieser Erkenntnis gekommen? Oder ließ sie erst jetzt diese Erkenntnis zu?

7 Flucht

Es klappt alles wie geplant. Sogar den Wohnwagen finden sie schneller als gedacht. Der Schlüssel liegt im bekannten Versteck. Beim Öffnen der Tür läuft ihnen ein Schauer über den Rücken? Was werden sie finden, welche Geheimnisse werden sie entdecken?

Nichts. Innen ist alles enttäuschend normal. Staub überall, aber das war zu erwarten. Noch nicht einmal Mäuse haben sich eingenistet; Wände und Boden sind intakt. Wer auch immer den Wagen zwischenzeitlich genutzt hat – alles wurde sauber zurückgelassen: kein schmutziges Geschirr, kein benutztes dreckiges Bettzeug, sogar frische Hand- und Geschirrtücher.

Die beiden stauben ab; dann machen sie es sich gemütlich. Natürlich gibt es keine Elektrizität; sie finden draußen Holzscheite und heizen damit den kleinen Ofen. Als es dunkel wird, stellen sie sicher, dass die Jalousien herunter gelassen und zusätzlich die Vorhänge fest zugezogen sind – kein Kerzenschein darf nach außen dringen.

Wie schon am Tag suchen sie jetzt auch im Dunkeln die Umgebung ab. Wo könnte sich jemand

verstecken, um sie zu beobachten? In ein anscheinend undurchdringliches Gebüsch leuchten sie
mit den Taschenlampen ihrer Handys – ja, es ist
wirklich undurchdringlich.

Zurück im Wohnwagen verschließen sie die Tür
fest und stellen einen Stuhl davor. Falls jemand
einzubrechen versucht, wird er umfallen und
Krach machen.

Was erwarten sie? Sie wissen es nicht genau.
Jedenfalls lässt nun die Spannung nach, und ihre
Gedanken eilen nach Hause. Sie sind sich einig:
Wenigstens die üblichen Handybotschaften müs-
sen sie schicken. Also schreiben sie, was man so
aus dem Urlaub mitteilt.

Bevor sie einschlafen, entscheiden sie: Morgen
müssen sie in einem Internetcafé oder wo auch
immer ihre Handys aufladen. Frisches Obst und
Salat können auch nicht schaden. Und vor allem
Wasser – sie hätten nie gedacht, wieviel Wasser
ein Mensch eigentlich verbraucht, selbst wenn er
sparsam ist: Waschen, Zähneputzen, Trinken,
Kochen, Gemüse und Obst waschen... An die
Wäsche ihrer Kleidung wollen sie gar nicht denken.

8 Ostern

Ostern, Fest der Auferstehung, nicht Fest der Ostereier und Osterhasen. Natürlich kannte Ev die biblische Geschichte; schließlich war sie in einer christlichen Familie aufgewachsen.

Trotzdem empfand sie keine fröhlichen, erhebenden Gefühle. Im Gegenteil. Sie fand sich hintergangen, verraten. Von Mama.

„Hoffentlich hast wenigstens du frohe Ostern", schrieb sie. „Hier ist alles öde. Aber nicht nur das. Hier fühlt sich alles nach Verrat an. Warum hast du mich belogen? Warum hast du mir nicht die Wahrheit erzählt? Weil ich ein Fehler war? Aber Hauptsache – dir geht es gut. Ev."

Ohne nachzudenken drückte sie auf Senden. Nein, sie wollte den Text nicht lesen. Das musste jetzt so raus, wie sie es gerade empfand.

Danach fühlte sie sich erleichtert. Wenn sie wollte, konnte sie ja später immer noch die Nachricht löschen. So schnell würde Mama in Spanien keinen Empfang haben.

Noah schickte ihr das Foto von einer Zeichnung. Ein Osterhase, der sich die Tränen mit seinen langen Ohren aus den Augen wischt. Das sah komisch aus. Darüber eine Sprechblase in Noahs Handschrift: Sorry, die Familie hat mich fest in ihren Klauen – eh, Pfoten. Ich denk an dich. Frohe Ostern.

Hatte Noah die Zeichnung selbst gemacht? *Der Junge hat mehr Talente als man meint!*

Zurück schrieb sie: „No problem. Dir auch frohe Ostern – mit Familie!"

Natürlich war es doch ein Problem. Denn sie hatte: niemanden. Irgendwie hätte sie nun gern mit ihrem Vater

geredet. Aber Papa hatte Bereitschaftsdienst oder war …
Die geplante Phrase „bei seiner Tussi" wollte ihr nicht
über die Lippen gehen. Stattdessen fühlte sie ein schlech-
tes Gewissen gegenüber ihrem Vater.
Brigitte meldete sich auf ihren Anruf, aber war in Eile.
Kochen für Freunde, die sie am Abend erwartete. Hatte
Eva-Maria Lust am Montag zum Resteessen zu kommen?
Ja? Prima! Konnte sie dann bitte das spanische Fotoalbum mitbringen? Das wäre nett.
Urlaubsgrüße von NaNe und auch von Nahi. Beiden ging
es offensichtlich gut. Dennoch war Ev ein bisschen enttäuscht – sie hatte von NaNe längere Beschreibungen
von Sonne, Schwimmen, Bootsausflügen erwartet. Dass
Nahi nichts über ihre Stuttgarter Tante schrieb, konnte
sie nachvollziehen - vielleicht war die einfach nur langweilig.
Sogar Daniel meldete sich. Das übliche Ei mit Küken aus
dem Internet. Darunter „Frohe Ostern." Dann – etwas
verwirrend: „Wieso kommst du auf Griechenland?" Verständnislos schüttelte Ev ihren Kopf.

Am Nachmittag besuchte sie Opa Manfred und Opa
Klaus. Zu ihrer großen Freude fand sie die beiden im
Park. Schon weitem sah sie die leicht gebückten Männer,
die sich langsam bewegten und die ersten Blüten und
Blumen bewunderten. Opa Klaus hatte Manfred unter-
gehakt, um ihn zu stützen.
Mein Gott, dachte Ev plötzlich, *die meiste Zeit ihres Le-
bens haben sich die beiden nicht in der Öffentlichkeit an-
fassen dürfen! Das war tabu oder vielleicht sogar straf-
bar. Jetzt geht es – aber vielleicht auch nur unter dem
Vorwand der Hilfestellung.*
Spontan rannte sie auf die beiden zu und küsste sie.
„Unsere Eva-Maria, unser kleiner Schatz!"

So viel Freude über ihr Erscheinen und so viel uneigennützige Zuneigung hatte sie in der letzten Zeit selten erlebt, und wie schon beim letzten Besuch fühlte sie sich gerührt.

Sie ließ sich von den zweien ins Café des Seniorenheims einladen und wie ein kleines Kind mit Eis vollstopfen. Die beiden tranken Tee und aßen nur trockenen Kuchen, aber sie genossen sichtlich, dass sie Ev verwöhnen konnten.

Irgendwann landete das Gespräch bei ihrer Mutter.

„Wie geht es ihr? Wir haben so lange nichts von ihr gehört!"

Nach kurzem Nachdenken entschloss sich Ev zur Wahrheit. Mama war verschwunden. Vermutlich in Spanien. Papa hatte eine Geliebte. Aber - auch Mama hatte möglicherweise einen Freund. Jedenfalls war ein Mann, mit dem sie angeblich ein Verhältnis haben sollte, kurz nach ihr verschollen.

„Und wie geht es dir damit?" Ein verständnisvolles und freundliches Lächeln ihrer beiden Opas.

„Scheiße", entfuhr es ihr.

Sofort tat es ihr leid. Das war natürlich keine angemessene Reaktion für alte Leute. Aber die beiden schmunzelten nur zustimmend.

Zwei knochige Hände legten sich von links und rechts über ihre Arme, warm und mitfühlend. Sie spürte, wie sich in ihrem Inneren ein Knoten löste, Tränen traten in ihre Augen, aber zum ersten Mal konnte sie reden.

Lange hörten ihr die beiden schweigend zu. Häufig blickten sie sich bestätigend an. Als ihr Redefluss stoppte, reichte ihr Opa Klaus still ein frisches Stofftaschentuch, und Opa Manfred streichelte ihre Haare. Es gab keinen

Trost, nur Verständnis und Zuwendung. Dafür war sie dankbar. Worte konnten ihr jetzt nicht helfen.

Nach und nach beruhigte sie sich.

„Darf ich dich etwas fragen, Opa Manfred?" Selbstverständlich durfte sie das.

Wusste er, wo sich in Spanien der Heimatort von Carlos befand? - Genau nicht, aber irgendwo in Andalusien. Etwas abgeschieden, hatte Monika gesagt.

War er mit Monika mal dort gewesen?

Nein, auch Monika war nur noch einmal dorthin gereist.

„Mit Cecilia, kurz vor deren Hochzeit. Sie wollte, dass Cecilia ihren Geburtsort kennenlernt. Und ihre Oma, die Mama von Carlos."

Kurze Pause.

Dann: „Monika war krebskrank. Wie weit die Krankheit schon fortgeschritten war, hat sie verheimlicht. Vielleicht wusste sie es auch selbst nicht genau. Aber auf jeden Fall wollte sie, dass Cecilia ihre Wurzeln kennenlernt."

Kannten sie - Opa Manfred und Opa Klaus – diese Wurzeln? „Ich meine: Kennt ihr meine spanische Familie?" Die beiden lächelten sich an. Kennen – na ja. Aber da sie im selben Ort und etwa zur selben Zeit wie Monika aufgewachsen waren, wussten sie natürlich um die Gerüchte; die Familie kannten sie vom Sehen. Und Carlos etwas näher, aus dem Sportverein. „Nett, sympathisch", war ihre übereinstimmende Einschätzung.

Nein, Monika hatte auch Manfred nichts Genaues über den Tod von Carlos und Felipe erzählt. „Sie hat es versucht, aber jedes Mal bekam sie Panik-Attacken. Ich glaube, es war ein Traktorunfall. Es hatte viel geregnet, der Boden war schwer und glitschig. Aber nur an diesem Morgen konnte Carlos den gemeinschaftlichen Gemeinde-Trecker für zwei Stunden haben. Er hatte Felipe mit aufs Feld genommen. Irgendwie ist Felipe unter ein Rad gekommen, vielleicht ist er vom Trecker gefallen. Auf jeden Fall hat Carlos versucht seinen Sohn zu retten. Aber in seiner Hektik hat er wohl die Bremsen nicht richtig angezogen. Und so sind sie beide vom Traktor begraben worden."

Er schwieg einen Moment. „ Als sie nicht zum Essen nach Hause kamen, hat Monika sie gesucht. Und gefunden. Tot. Beide. Es war furchtbar für sie. Darüber konnte sie nie sprechen. Stattdessen Weinkrämpfe."

Das konnte sich Ev gut vorstellen. Wie schrecklich! Mann und Sohn zugleich zu verlieren. Und die Toten selbst zu finden! Sie verbot sich Gedanken an eine verstümmelte Jungenleiche, Blutflecken und schmerzverzerrte Gesichter.

Schnell wechselte sie das Thema. „Hat Mama später – ich meine, hat Mama den Kontakt zu Carlos´ Mutter, ihrer Oma, aufrechterhalten?"

Die beiden Männer schauten sich an und zuckten die Schultern. Schwer zu sagen.

„Nach Monikas Tod ging das Haus an Cecilia. Und wir, Klaus und ich, sind viel gereist. Schließlich … was hielt uns? Monika war gestorben und Cecilia …".

Pause.

Es war Klaus, der die Stille unterbrach. „Cecilia mochte mich nicht."

„Nein, nein! So stimmt das nicht. Sie mochte unsere Lebensweise nicht."

Aha. Klar, das konnte passen. Manchmal war Mama hoffnungslos altmodisch, um nicht zu sagen: bodenlos rückständig. Was ihr nicht gefiel, wollte sie nicht wahrhaben. „Sie ist eine große Verdrängerin."

Die beiden lächelten und nickten.

***

Wie nicht anders zu erwarten, schmeckten Brigittes Reste vortrefflich. Tobi war gerade von seinem Pfadfindertreffen zurück und schlug so heftig zu, als ob er seit Tagen nichts gegessen hätte.

Er war gut drauf, und bald wurde klar, warum. Das Pfadfindertreffen hatte in der Nähe von Stuttgart stattgefunden. Ja, er hatte Nahi mehrfach getroffen. Heimlich. Denn die Tante war ziemlich intolerant. Aber bald würde die Schule wieder beginnen und die Heimlichkeit würde ein Ende haben.

Brigitte aß wenig - „Gestern hab ich einfach zu viel gefuttert!" - und widmete sich intensiv dem Fotoalbum. Einmal sogar, als sie dachte, dass Ev nicht hinschaute, machte sie einige Handyaufnahmen.

Als sie Tobi und Ev verabschiedete, lächelte sie verschmitzt. „Eigentlich habe ich mir einen Frühlings-Urlaub im Süden verdient. Mal sehen, was sich machen lässt."

***

Wider Erwarten hatte Mama schnell geantwortet.

„Eva-Maria, natürlich bist du kein Fehler. Wie kommst du auf solch eine absurde Idee? Ich liebe dich, und Papa liebt dich auch. Aber – ich wollte, dass du unbeschwert aufwächst. Unbelastet von der Vergangenheit. Und auch von der Gegenwart, die mich selber in Verwirrung stürzt. Es tut mir leid. Ich werde alles wieder gutmachen."

Bloß nicht!

Bevor sich dieser Gedanke als Schrei Luft machen konnte, presste Ev sich die rechte Hand auf den Mund.

Was ist los mit dir? Warum reagierst du panisch, wenn deine Mutter etwas gutmachen will?

97

Sie zwang sich zur Ruhe. Wenn sie sachlich nachdachte: Es gab überhaupt keinen Grund für Mama, etwas gutzumachen. Natürlich hatte sie Fehler gemacht, aber doch in der besten Absicht. Also kein Grund für übertriebene Fürsorge.

Das ist es. Ich will es nicht mehr: ihre erdrückende Mütterlichkeit und gleichzeitig ihre Weinerlichkeit.

Sie erinnerte sich an den Wochenendausflug nach Paris vor einem halben Jahr. Ein permanent schlechtes Gewissen. Ja, sie hatte ein permanent schlechtes Gewissen. Nicht an die beeindruckenden Sehenswürdigkeiten erinnerte sie sich, sondern an ihr eigenes schlechtes Gewissen.

Warum?

Mama hatte versucht, ihre Tochter zu verwöhnen: ein gutes Hotel, schicke Restaurants, was möchtest du tun – Boutique oder Museum oder Eiffelturm?

Andererseits hatte Mama bei den kleinsten Kleinigkeiten geweint – ohne Grund, jedenfalls so schien es. „Tut mir leid, ich habe momentan nah ans Wasser gebaut." Oder: „Tut mir leid, aber dieses Kind/dieses Gemälde/ dieses architektonische Kunstwerk ist einfach zu rührend."

Trotzdem hatte Ev sich in der Pflicht gefühlt, die Traurigkeit zu stoppen. Aber wie? Mama hatte keine wirklichen Erklärungen abgegeben. Und Ev hatte ein permanent schlechtes Gewissen, weil sie es nicht schaffte, ihre Mutter aufzuheitern.

Nachdem sie Papa neulich mit der anderen Frau im Schlafzimmer überrascht hatten, war das für Ev die Erklärung für Mamas Traurigkeit gewesen: Mama hatte damals schon gespürt, dass Papa sie betrog.

Jetzt, nach all den neuen Erkenntnissen über ihre Mutter, einen möglichen Freund, ihr Eingeständnis einer verfehlten Ehe – jetzt passte Evs Analyse nicht mehr. Aber was dann? Sie brauchte dringend Gesprächspartner.

23.20 Uhr.

Wann gingen Senioren schlafen? Wahrscheinlich viel früher. Auf jeden Fall war das nicht der richtige Zeitpunkt, um Opa Manfred und Opa Klaus zu stören. Obwohl diese ihr als erstes in den Sinn kamen.

Immerhin gab ihr das eine Idee für ihre Antwort an Mama. Sie würde mit keinem Wort auf die Entschuldigungen und das Wiedergutmachen-Versprechen eingehen. Sollte ihre Mutter selbst merken, dass da etwas schieflief.

Stattdessen schrieb sie: „Habe Opa Manfred und Opa Klaus im Seniorenheim besucht. Die beiden haben dort eine nette kleine gemeinsame Wohnung. Opa Manfred geht es besser, und beide sind ein glückliches Paar. Das macht mich froh." Punkt. Dazu sollte Mama sich erstmal äußern.

Dann wählte sie NaNes Nummer. Keine Verbindung. Kein Wunder; das kannte sie aus früheren Urlauben von NaNe in Griechenland.

Nahis Handy war ausgestellt. Auch kein Wunder. Bei einer strengen Tante musste sie wahrscheinlich spätestens ab 21.00 Uhr Bettruhe halten.

Natürlich kam ihr Papa in den Sinn.

Wie gerne hätte sie nun ein Gespräch mit ihm geführt! Aber wenn sie um diese Uhrzeit im Krankenhaus anrief, würde er bei ihr einen Notfall vermuten und seine Patienten vernachlässigen. Das wollte sie auf keinen Fall.

Ihr Finger schwebte schon über Noahs Nummer, als sie sich im letzten Moment zwang, nicht zu drücken. Natürlich würde Noah sofort antworten. Was aber, wenn das Familientreffen noch andauerte?

Vor Evs geistigem Auge tauchte ein langer Tisch mit Wachstuchdecke auf, Krümel und einige Essensreste, angeregte Gespräche wurden durch ein Handyklingeln unterbrochen und alle Augen schauten auf Noah. Wie – jetzt mitten in der Nacht? Wer? Was? Ein deutsches Mädchen? Ach! War sie nett?

Ev gähnte. Sie war todmüde. Erstmal würde sie schlafen. Und morgen würde sie weitersehen.

Sie konnte nicht ahnen, dass der nächste Tag ihr andere Sorgen brachte.

9 Erkannt

Sie suchen sich ein Café mit Steckdosen an der Wand hinter ihrem Tisch, schließen ihre Handys an und bestellten Tee. Sie durchblättern die ausliegenden örtlichen und überregionalen Tageszeitungen. Nichts über ihr Verschwinden. Alles gut.

Es ist der nette junge Kellner, der plötzlich stutzt. „Kenne ich euch nicht?"

Nein, natürlich nicht. Er stellt die Teetassen vor sie und bringt zusätzliche Zuckerstücke.

„Doch, warte", sagt er und blickt die eine von ihnen forschend an. „Es ist schon ein paar Jahre her, dass wir uns getroffen haben. Wir waren fast noch Kinder. Warte, gleich hab ich´s. Irgendwas mit einem Wettbewerb. Sport? Vielleicht Tennis?"

Sie senkt den Blick und schüttelt den Kopf. Nein, sie war nie hier. Sie kennt diesen Ort gar nicht.

„Echt nicht? Komisch! Ich könnte wetten, dass wir uns schon mal gesehen haben. So hellblondes Haar gibt es selten. Warte! Da war doch auch was mit so einem seltsamen Namen!"

Beide schauen ihn mit großen Unschuldsaugen an·
Sie wissen nichts von einem seltsamen Namen·
Er muss sich geirrt haben·
Glücklicherweise hat der junge Kellner bald
Schichtwechsel·
In den Blicken, die sie sich gegenseitig zuwerfen,
spiegelt sich Besorgnis· Aber noch ist nichts ver-
loren·

Ruhig bezahlen sie und harmlos kaufen sie an
einem *Kiosk* ein· Weniger als sie brauchen· Aber
sie dürfen keinen Verdacht durch zu große Ein-
käufe erwecken· Auf Umwegen gehen sie zum
Ortsausgang, wo sie eine Rast einlegen· Erst als
es schon dämmert, machen sie sich auf den Weg
in den Wald·
Werden sie verfolgt? Sie trauen sich nicht, sich
mehrfach umzublicken· Aber abwechselnd holen
sie ihre Handys hervor und beschauen sich im
Selfie-Modus· Sie scannen auch den Hintergrund·
Nichts· Keine anderen Wanderer; keine Verfolger·

Heute Abend stellen sie keinen Stuhl vor die
Eingangstür des Wohnwagens· Sondern einen klei-
nen Schrank·
Sie sprechen nicht über Angst·

Aber ab morgen werden sie auch tagsüber das kleine Törchen im Zaun mit einem Kettenschloss verschließen, so wie sie es vorgefunden haben.
Ihre Fußspuren werden sie mit Zweigen verwischen. Ganz hinten, wo der Zaun direkt an den Wald grenzt, werden sie das Loch im Zaun vergrößern, so dass sie bei Gefahr schnell entwischen können. Natürlich werden sie das Loch mit den großen abgestorbenen Baumästen tarnen, die überall herumliegen.
Außerdem verabreden sie, morgen nach Alternativen zu suchen. Denn morgen wird der entscheidende Tag sein. Morgen sind die Osterferien zu Ende.
Anschließend schreiben sie die harmlosen WhatsApp-Botschaften, die von ihnen erwartet werden.

10 Vermisst

Es war der Mittag des letzten Ferientages. Papa hatte seinen Bereitschaftsdienst beendet und saß grau und eingefallen am Küchentisch. Ev briet ihm Spiegeleier und butterte zwei Vollkorntoasts. Sie ließ die fertigen Eier darauf gleiten, garnierte sie mit einer aufgeschnittenen Tomate und servierte alles ihrem Vater mit einem übertrieben fröhlichen „Voila!"

Er blickte sie dankbar an. Seine Hände hoben sich kurz, als ob er sie streicheln wollte. Aber dann ließ er sie fallen. Schade! Sie schluckte.

Was erwartest du? Wie kann er anders reagieren nach deinem Verhalten in den letzten Tagen? Schließlich will er nicht wieder eine Zurückweisung erleben.

Sie straffte ihre Schultern und setzte sich ihm gegenüber. Wieder streifte sie sein Blick. Forschend. Als er fast mit den Eiern fast am Ende war, sagte sie beiläufig: „Ich war bei Opa Manfred und Opa Klaus."

„Ach?" Er musterte sie interessiert. „Und? Wie geht es ihnen? Sind sie immer noch zufrieden mit der Situation im Altenheim?"

Er wusste darüber also Bescheid. Das freute sie.

Was sollte ihr nächster Punkt sein? Mama? Die spanische Familie? Sie selbst? Seine ... seine Geliebte?

„Ich habe nachgedacht. Über Mama und ... dich. Ich meine ... über uns."

Er schob den Rest des Essens von sich. „Ja, und?" Seine grauen Augen betrachteten sie intensiv.

Sie schluckte. Wie sollte sie beginnen? Sollte sie ihn anschreien? Nein, der Zeitpunkt war vorbei. Die große Wut war verrauscht.

„Ich war stinksauer auf dich."

Er nickte.

„Wieso konntest du mit … mit dieser Frau … ich meine, wieso konntet ihr in eurem gemeinsamen Schlafzimmer - Mamas und deinem - zusammen Sex haben … du mit einer fremden Frau?"

Wieder nickte er und suchte nach den richtigen Worten.

„Es ist ja keine fremde Frau. Wir kennen uns seit Jahren. Und – es war ja nicht mehr unser gemeinsames Schlafzimmer. Mama schlief schon seit einiger Zeit in ihrem Arbeitszimmer. Sie … sie hatte …". Er stotterte.

Er will meine Gefühle für Mama schonen. Er denkt, ich weiß nichts.

„Mama hatte seit langem einen Freund."

Diese Worte kamen mit Wucht aus ihr heraus, weil sie an die BMW-Fahrerin denken musste. Papas Augen weiteten sich.

Offenbar hat er nicht vermutet, dass ich das herausfinde, dachte sie mit Genugtuung. *Jetzt nur nicht den Faden verlieren, Ev. Du bist auf einem guten Weg!*

„Warum?" Sie stoppte kurz und versuchte die Schärfe aus ihrer Stimme zu nehmen. „Warum habt ihr beiden - ihr als Eltern - mir nicht die Wahrheit erzählt? Warum nicht?"

Er zwinkerte nervös. Nein - entsetzt. Damit hatte er nicht gerechnet.

„Weil … wir wollten es dir ersparen. Wir wollten dich nicht verletzen. Wir glaubten, wir könnten … wir wollten eine intakte Familie bewahren. Für dich. Jedenfalls … bis du größer bist. Es sollte dir gutgehen."

„Blablabla! Habt ihr denn nicht gemerkt, dass es mir NICHT gutgeht? Habt ihr denn…"

Das Handy stoppte ihren Wutausbruch.

Sefi! Ungewöhnlich. Sie versuchte sich zu sammeln.

„Hallo, Sefi", sagte sie bewusst ruhig. „Frohe Ostern nachträglich. Ich hoffe, es geht euch gut."

Nein, es ging ihnen nicht gut. Aus Sefis aufgeregtem Deutsch und verschiedenen Geräuschen im Hintergrund - Schluchzen der Mama, barsche Fragen des Papas, Weinen des Babys und Mahams Verwunderung: „Aber wieso? Wo ist Zug?" - setzte sich allmählich in Evs Kopf ein Mosaik zusammen: Nahi war nicht mit dem angekündigten Zug angekommen.

Nun, das konnte passieren.

„Vielleicht hat sie den Zug verpasst. Oder einen Anschlusszug nicht bekommen. Was? Kein Handyempfang? Na – auch das ist normal. Deutsche Bundesbahn!! Check das mal in Ruhe und ruf mich später an."

Sie unterdrückte bewusst jede Sorge, die aufkeimen wollte. Kein Problem, nur die normale Situation der deutschen Bundesbahn.

Wichtiger war Papa. Sein Kopf lag neben seinen Armen auf der Tischplatte. Total verknickt. „Papa, wach auf!" Er öffnete seine Augen, aber sie merkte, dass er dem Zusammenbruch nahe war. Sie flößte ihm Wasser ein. Dankbar nickte er. „Schlafen. Todmüde."

Irgendwie schaffte sie es, ihn zu stützen. Erleichtert sank er ins Bett.

„Danke. Morgen … reden…".

Sie nickte und stellte eine Wasserflasche neben ihn. „Erhol dich gut!" Ohne es wirklich zu wollen, hauchte sie ihm einen Kuss auf die Wange. Er lächelte.

Die Nachrichten vom S4N-Team lenkten sie ab. Zuerst schickten ihr Elisa und Tom die Ergebnisse ihrer Recherchen, und die waren so spannend, dass Ev lange Zeit gefesselt war. Erst danach fand sie Noahs Super-Ergebnisse mit seiner Entschuldigung, dass alles nur vorläufig und noch nicht perfekt sei. Typisch Noah. Sie musste grinsen. Dann rief Daniel an.

Was? S4N? Wieso? Welche Ergebnisse? Tundra? Ach so, nee, jetzt nicht so wichtig. Hatte Sefi sie nicht kontaktiert? Wegen Nahi? Aber das war ja nicht das Schlimmste. Auch NaNe meldete sich nicht!! Wie konnte das sein? Wusste sie, Ev, Näheres?

Da flippte Ev aus: „NaNe, NaNe, NaNe! Sie ist nicht der Mittelpunkt der Welt. Auch ich habe sie nicht erreicht. Na und? In Griechenland oder auf den Flughäfen oder in der Luft kann man nicht jederzeit ins Internet. Das solltest auch du wissen, Daniel. Also mach keinen Terror!"

Sicherheitshalber rief sie Tobi an.

Doch, bei ihnen war alles in Ordnung. Offensichtlich plante seine Oma einen kleinen Urlaub in den Süden; sollte sie, das hatte sie sich verdient. Und die Tafel und der Deutschunterricht konnten auch kurze Zeit ohne sie auskommen. Doch, seine Mama war wieder zu Hause. Na ja. Mutter und Sohn hatten ein bisschen Stress. „Zu viele unterschiedliche Ansichten. Aber wir bemühen uns beide."

Natürlich, Nahi hatte ihm Ostergrüße geschickt. Er freute sich, sie morgen in der Schule wiederzusehen.

Keine Rede von verpassten Zügen. Daher vermied es Ev, ihm Daniels Telefongespräch mitzuteilen. Morgen würde sich alles klären – da war sie sich sicher.

***

Am nächsten Tag klärte sich nichts.

Nahi fehlte unentschuldigt im Unterricht, und sofort bat Tobi, auf die Toilette gehen zu dürfen. Wahrscheinlich würde er dort verschiedene Telefonanrufe tätigen. Niedergeschlagen kam er nach einer Weile zurück.

Auch NaNe war abwesend, aber immerhin hatte ihre Mutter sie für drei Tage im Voraus entschuldigt.

„Typisch, wie immer", dachte Ev. „Die Flüge werden einige Tage nach Ende der Osterferien günstiger sein und deshalb bucht NaNes Mutter erst dann!"

Die Krise entstand in der Frühstückspause, als Daniel Ev Vorwürfe machte. „Ich hab dir doch gesagt, dass NaNe sich nicht meldet. Die beiden sind abgehauen, das ist doch klar!"

„Nichts ist klar. Wieso sollen die beiden zusammen verschwinden? " Tobi klang aggressiv. „Es gibt überhaupt keinen Grund!"

„Ach nein?", Daniel lachte herablassend. „Was weißt denn du, Tobias Schmitz?"

Tobis Nerven lagen sowieso blank, und nun rastete er aus. Er stieß Daniel so fest um, dass der strauchelte, und drückte dann sofort dessen Schultern mit beiden Händen fest gegen die Schulhofmauer.

„He, was soll das?" Daniel versuchte vergeblich, sich zu wehren.

„Das frage ich dich. Wieso spielst du dich so auf? Wenn du etwas weißt, dann spuck es aus. Sprich nicht in Rätseln." Die weißen Fingerknöchel traten schon an Tobis Händen hervor, trotzdem versuchte er den Druck zu verstärken.

Elisa biss noch einmal einen großen Bissen von ihrem Frühstücksbrot ab und steckte es in Evs Hand. Sie kaute genüsslich, wischte sich dann den Mund ab und schob die beiden Jungen mit einem fachkundigen Griff auseinander.

„Meine Herren", sagte sie, und Tom begann zu grinsen.
„Meine Herren, Sie unterliegen einem Missverständnis.
Bei Ihren Sorgen handelt es sich nicht um ein und dieselbe Dame. Sondern um verschiedene."
Tom kannte die Vorliebe seiner Freundin, in schwierigen
Situationen auf erlesenes Hochdeutsch zurückzugreifen.
Aber dem ernsten Anlass entsprechend, verschob er sei-
ne Miene in ernsthafte Besorgnis, straffte seine Schultern
und stellte sich neben Elisa, so dass Tobi und Daniel noch
weiter auseinander standen.
„Ey", sagte Elisa und starrte sehnsüchtig auf ihr Pausen-
brot in Evs Hand. „Wir machen es jetzt kurz. Du, Daniel,
denkst, dass Tobi wegen NaNe besorgt ist. Falsch. Du,
Tobi, denkst, dass sich Daniel wegen Nahi Sorgen macht.
Auch falsch. Es ist genau umgekehrt. Wie gesagt: Meine
Herren, Sie unterliegen einem Missverständnis!"
Nach dieser für sie langen Rede atmete sie erleichtert
auf, forderte ihr Pausenbrot von Ev zurück, biss genuss-
voll hinein und gab dann nach einer kurzen Absprache
mit Tom die beiden Kontrahenten frei.
Die starrten sich erstaunt an. Stimmte das? War jedem
ein anderes Mädchen wichtig?
Ev nickte. *Ja, Elisa hat recht. Nehmt sie ernst.*
Insgeheim bewunderte sie Elisa.
Erstens: Wie hatte Elisa das alles wissen können? Offenbar verfügte sie über eine schärfere Beobachtungsgabe
als Ev ihr zugetraut hatte.
Zweitens: Supertoll, wie Elisa diese komplizierte Thematik in wenigen Sätzen zusammenfasste. Jedenfalls schienen Tobi und Daniel beeindruckt.
Drittens: Wie schaffte Elisa es, so viel zu essen und
trotzdem attraktiv auszusehen? Nicht superschlank, das
nicht. Aber auch nicht … .

Ev verbot sich den Begriff *Adipositas*. Nein, Elisa war definitiv nicht fettsüchtig. Im Gegenteil. Sie hatte gute Proportionen. *Und sie genießt ihr Essen. Ist das nicht toll?*
Ev dachte an ihren eigenen Kalorienfahrplan daheim am Kühlschrank. Und ihr schlechtes Gewissen, wenn sie ihn nicht eingehalten hatte.
Offenbar war sie nicht die einzige, die von Elisa beeindruckt war. Denn Tom schaute sich kurz nach einer Pausenaufsicht um und gab dann seiner Freundin mitten auf dem Schulhof einen dicken Kuss auf den Mund.
Nicht nur Ev schaute ein bisschen verdutzt und gleichzeitig neidisch zu.

Sofort nahmen sie alle Daniel ins Verhör, und Daniel musste einsehen, dass er keine Chance hatte.
Nein, er wusste eigentlich nichts. Aber er hatte so ein komisches Gefühl.
„Komisches Gefühl? Wieso? Welche Anzeichen für das Verschwinden hast du gesehen?" Nun war auch Noah aufgetaucht. In seiner genauen Art fragte er nach.
„Anzeichen? Nein, nichts. Nur ein komisches Gefühl."
Daniel klang gereizt.
Da klingelte die Pausenglocke, und in der anschließenden Mathedoppelstunde wollte sich Ev intensiv mit der Situation beschäftigen.
Sie war sehr gut in Mathe und verstand alle Probleme sofort. Also konnte sie sich auch mal eine gedankliche Auszeit im Matheunterricht leisten.
NaNe und Nahi - gemeinsam abgehauen?
Ev konnte sich das gar nicht vorstellen. Andererseits – dass Nahi allein verschwinden würde, war noch unwahrscheinlicher. Sicher gab es eine natürliche Erklärung. Ev glaubte immer noch an die bekannte Unzuverlässigkeit der deutschen Bundesbahn.

Da meldete sich Tobi. Sorry, nein, kein Beitrag zum Unterricht. Er fühle sich schlecht. Magen- und Darmprobleme. „Bitte, kann ich nach Hause gehen?"
Natürlich. Es war klar, dass Eggi ihn in ihrer Gutmütigkeit gehen ließ. Alle schätzten ihre Mathelehrerin Frau Eggesacht-Buchting sehr. Und da Tobi in Mathe ein Ass war, gab es ohnehin keinen Grund, ihn nicht zu beurlauben. Anders war es mit Daniel. Er war alles andere als ein Topschüler in Mathe. Daher bat er auch nur um einen Toilettengang. Genehmigt.
Was würden die beiden Jungen tun? Hatte Elisa sie überzeugt? Oder sahen sie sich immer noch als Kontrahenten?
Ev zählte fünfmal bis dreißig, dann stand sie auf und ging zum Fenster. Schlechte Luft, das Fenster musste geöffnet werden. Natürlich sah sie hinaus.
Im Hof rannte Daniel gerade hinter Tobi her. Offensichtlich rief er etwas, denn Tobi drehte sich um und wartete auf ihn. Die beiden Jungen steckten die Köpfe zusammen. Wahrscheinlich über ihren Handys. Nach einer Weile gaben sie sich Five. Tobi verließ das Schulgrundstück, und Daniel kam ins Klassenzimmer zurück.
Da saß Ev längst auf ihrem Platz und löste ihre Matheaufgaben.

***

Auf ihrem Nachhauseweg war sie in Gedanken vertieft.
„Kümmere dich um Tobi!" Das war eine der Botschaften aus Nahis letztem Gespräch. Bisher hatte Ev diese Aussage nicht ernst genommen. Warum sollte sie sich um Tobi kümmern? Es gab keinen Grund. Es sei denn ...
In der Nebenstraße kurz vor ihrem Haus parkte ein Polizeiauto.

Aus ihren Augenwinkeln nahm Ev es kurz wahr, aber sie stellte keine Verbindung zu sich her.

Als sie den Haustürschlüssel gerade im Schloss umdrehen wollte, öffnete sich die Tür von innen.

Papa.

Übermüdet wie immer. Über seinen Schlafanzug hatte er die Jacke seines Jogging-Anzuges gezogen. Sie erinnerte sich. Nachtdienst. Papa hatte wieder mal Nachtdienst gehabt und war aus seinem verdienten Nachholschlaf geweckt worden.

Er hauchte ihr einen Kuss auf die Wange. „Polizei", flüsterte er. Und dann: „Keine Sorge. Nicht wegen Mama."

Das war ihr sowieso klar.

Im Wohnzimmer zeigte ihr eine Polizistin etwas umständlich Nahis Passfoto. Ihr Kollege lehnte abwartend am Fenster.

Kannte sie diese Person?

Natürlich, das was Nahite Hossaiyni, eine Klassenkameradin und eine ihrer besten Freundinnen.

„Wo ist sie jetzt?" Der Kollege der Polizistin fragte etwas barsch.

„Keine Ahnung. Offensichtlich nicht zu Hause."

Die Polizistin blickte sie missbilligend an.

„Irgendeine Idee, wo sie sein könnte?"

Nein, natürlich hatte Ev keine Idee. Wenn ja, hätte sie diese schon längst Tobi mitgeteilt. Aber nicht der Polizei.

„Vielleicht fragen Sie die Tante in Stuttgart …".

Ev gab sich hilfsbereit.

„Das haben wir schon. Nahite ist zwei Tage vor dem geplanten Abfahrtstermin aus Stuttgart abgereist. Angeblich aus einem dringenden familiären Grund. Aber ihre Familie weiß davon nichts. Sie haben Nahite gestern mit dem gebuchten Zug erwartet. Aber mit dem ist sie nicht angekommen."

Ev nickte abwesend, das wusste sie von Sefi.

Was sie umhaute: Nahi war seit zwei Tagen, nein nun seit drei Tagen, verschwunden und niemand hatte eine Ahnung. Natürlich nicht ihre Familie.

Aber auch sie selbst, Nahis Freundin, war nicht eingeweiht.

Und noch schlimmer: Offenbar war auch Tobi völlig ahnungslos. Sonst wäre er schon vor drei Tagen ausgeflippt.

Fieberhaft dachte sie nach. Die einzige, die außerdem von diesem Geheimnis hätte wissen können, war NaNe. Und NaNe fehlte. War ebenfalls verschwunden. Zwar entschuldigt.

Aber …

Aber NaNes Mutter ist gutgläubig. Sie tut alles, was NaNe ihr sagt. Wann ist NaNe aus Griechenland abgeflogen? Ähh, war sie wirklich in Griechenland? Warum glaubt Daniel das nicht? Was steht hinter dieser komischen Idee, dass NaNe eigentlich ihre finnische oder ostfriesische Großmutter besucht hat?

Als Ev sich über die Stirn fuhr, bemerkte sie den aufmerksamen Blick der Polizistin.

„Weißt du etwas?"

Ev schüttelte den Kopf. Wahrheitsgemäß. Denn wissen – nein, sie wusste nichts. Nicht wirklich. In ihrem Kopf überschlugen sich zwar Gedanken, aber das - *das sind nur Spekulationen. Kein Wissen.*

Papa hatte sie genau beobachtet und legte nun beschützend seinen Arm um sie: „Bitte, gehen Sie nun. Sie sehen doch, dass meine Tochter Ihnen nicht weiterhelfen kann. Wenn ihr noch etwas einfallen sollte, werden wir Sie selbstverständlich kontaktieren."

Er wedelte mit der Visitenkarte der Polizistin.

Widerwillig verließen die beiden Beamten das Haus.

Papas müde Augen schauten sie aufmerksam an. „Wenn du etwas weißt …".

Nein, sie wusste nichts. „Aber im Zweifel kann ich 1+1 zusammenrechnen. Doch das muss ich mit Tobi besprechen."

Zum wiederholten Mal nickte Papa, und Ev hauchte ihm einen Kuss aufs Haar. „Schlaf jetzt schön. Ich fahre nur mal kurz zu Tobi."

Beide mussten grinsen. Wie oft hatte Papa seine kleine Ev so ins Bett verabschiedet? Mit einem Kuss und der Bemerkung, dass sie schön schlafen sollte und er nur noch kurz etwas erledigen musste…

***

Sicherheitshalber meldete sie sich zuvor auf dem Handy, und das war gut so. Denn Tobi war mit Daniel in der Eisdiele verabredet, wo Ev die beiden treffen könnte.

Sie entschied sich für Bus 211 in die Innenstadt; zwar vernachlässigte sie dann ihr tägliches Kilometertraining mit dem Rad, aber sie konnte jederzeit telefonieren.

Auch das erwies sich als vorausschauend. Gerade hatte sie zum - gefühlt - hundertsten Mal versucht, NaNe und Nahi abwechselnd zu erreichen. Beide Handys funktionierten, aber beide Freundinnen antworteten nicht. Sie wollte deshalb Noahs Taste drücken, als ein Anruf dazwischen kam. Unbekannte Nummer. Neugierig nahm sie ab. NaNes Mutter!

„Bitte Ev, kannst du schnell vorbei kommen? Ich muss etwas mit dir besprechen. Dringend. Die Polizei war gerade hier. Wegen Nahite. Und eigentlich … . Nein , nicht am Telefon!"

***

Denn eigentlich war NaNe auch verschwunden.

Ihre Mutter rauchte eine Zigarette nach der anderen.

„Aber das habe ich der Polizei noch nicht gesagt. Ich vertraue meinem Kind. Sie wird einen Grund haben. Vielleicht denkt sie, dass meine Mutter sie noch braucht. Oder sie benötigt eine längere Auszeit von der Schule."

Blass blies NaNes Mama Rauch in die Luft. Nervös fuhr sie sich durch die Haar.

Ev presste bewusst ihren Mund zusammen, auch wenn die Aussagen keinen Sinn ergaben. *Hör dir ihre Meinung an!*

„Allerdings - wenn jetzt Nahi fehlt und ihre Eltern sich Sorgen machen… . Vielleicht ja zu recht. Ausländische Mädchen sind bestimmt gefährdeter … und dann noch mit Kopftuch."

Ev wollte sich gerade wegen des vermeintlichen Vorurteils empören, als NaNes Mutter fortfuhr: „Überall diese Nazis. Und dann sehen sie zwei Mädchen, allein. Vielleicht auch noch nachts. Das kommt denen doch wie gerufen. Da sind sie doch quasi gezwungen einzuschreiten."

Ihre Stimme erhob sich schrill. „Das blonde deutsche Volksgut retten vor dem verderblichen muslimischen Einfluss! Mit dem man sich aber vielleicht ein bisschen vergnügen kann, jedenfalls wenn das Mädchen so hübsch ist wie Nahi!"

Ev verschlug es den Atem.

Was? Was deutete NaNes Mutter da an? Diese verstummte sofort, als sie Evs entsetzten Blick bemerkte. Sie biss sich auf die Lippen.

115

„Entschuldige", murmelte sie, „das sind nur Befürchtungen. Alpträume. Natürlich keine Realität."
Natürlich keine Realität. Ev hoffte es. Aber zum ersten Mal verspürte sie Angst.

11 Gefahr

Am nächsten Nachmittag entdecken sie zufällig
im Supermarkt den jungen Kellner· Sofort versuchen sie durch das Labyrinth der Gänge zu ent-
kommen· Es gelingt ihnen· Fast· Aber er ist
groß, und obwohl sie drei Kassen auseinander
stehen, erkennt er sie· Freudig winkt er ihnen
zu· Entsetzt schauen sie sich um· Gibt es irgendwo eine Toilette, auf die sie verschwinden
können?
Albern – das würde sie nur verdächtig machen·
Also behandeln sie ihn wie ... na, wie einen lästi-
gen Verehrer·
„Hör zu, wir haben dich gestern im Café zum
ersten Mal gesehen· Wir kennen dich nicht· Lass
uns in Ruhe·“
Aber er kennt sie· Jedenfalls die eine·
„Es ist mir heute Nacht eingefallen· Unser
Schultheater-Wettbewerb· Ihr gehörtet zu den
Theatergruppen· Die Märchenprinzessin·“
Er wendet sich an das Mädchen mit den hell-
blonden Haaren· „Du warst natürlich die Mär-
chenprinzessin· Zart und lieb· Aber ...“·
Er grinst· „Soooo ne Klappe· Wie jetzt auch·“

Nun muss er bezahlen. Gott sei Dank. Sein Blick auf die Uhr lässt seine Miene verdüstern: „Mist, ich muss los. Vielleicht sieht man sich ja nochmal wieder. Ich habe in dieser Woche Dienst im Cafe von 16.00 bis 20.00 Uhr. Ciao!"

Er verschwindet.

Sie atmen auf. Leider zu früh.

Als sie am Kiosk vorbei gehen wollen, treffen sie auf fünf Jugendliche. Mit Bierflaschen. Die begutachten sie von oben bis unten und fangen an zu grinsen. Sie schwenken ihre Flaschen und kommen auf sie zu.

Natürlich drehen die beiden sofort um. Doch hinter ihnen ertönen bewundernde Pfiffe. „Hallöchen! Nun haut doch nicht ab! Wir sind gaaanz lieb. Wollt ihr ein Bier?"

Nein, sie wollen kein Bier. Sie wollen weg. Zwei Jugendliche stellen sich ihnen in den Weg.

„Guck mal, so was Hübsches. Und dann wollen sie einfach abhauen. Das ist ja fast eine persönliche Beleidigung. Echt. Das könnt ihr nicht bringen." Der eine steht drohend vor ihnen.

Der andere versucht es sanfter: „Mädels, nun seid nicht so. Kein Bier – das ist okay. Lieber einen Latte? Oder einen Expresso?"

Er sagt wirklich EXpresso.

Die beiden Mädchen verkneifen sich schnell das Grinsen. Jetzt nur keine Provokation. Aber wie sollen sie hier wegkommen?

Da hält ein Taxi neben ihnen. Der Fahrer hat dunkle Hautfarbe und trägt einen Turban.

„Braucht ihr Taxi? Soll ich euch fahren? Vielleicht Bahnhof?"

Sie schauen sich kurz an, nicken und steigen ein. „Ja, Bahnhof!" Das sagen sie laut und deutlich. Die Jugendlichen fluchen. Es fallen Wörter und Sätze wie „Scheiß-Ausländer", „Ey, keine deutsche Frauen für den Kanaken!" „Lass bloß deine verpissten Finger von ihnen!"

Das dunkelhaarige Mädchen schüttelt entsetzt den Kopf, das blonde zeigt ihnen den Stinkefinger. Da fliegt eine Bierflasche gegen die Seitentür. Der Fahrer gibt Gas.

In dieser Nacht schlafen sie außerhalb. In dem Versteck, das sie sich tagsüber ausgeguckt haben. Aber es ist kalt und unbequem. Um 1.00 Uhr kriechen sie vorsichtig zurück durch das Loch im Zaun.

13 Gesucht

Die Entscheidung, die Polizei einzuschalten, fiel, als Na-
Nes Mutter das Taschengeld- Konto ihrer Tochter unter-
suchte.

Die normalen Taschengeldeinweisungen von Mama und
Papa. Die üblichen Weihnachts- und Geburtstagszahlun-
gen der beiden Großmütter und manchmal die einer Tante oder eines Onkels. Normale Abbuchungen, meistens
Bar-Abhebungen, womit NaNe ihren monatlichen Bedarf
deckte. Sie hatte ein Guthaben von über 500 Euro erwirt-
schaftet.

Außergewöhnlich: Vor etwa vier Wochen wurden mehrere hundert Euro zusätzlich eingezahlt. Bar. Kein Hinweis
auf den Einzahler.

Nun wurde seit fünf Tagen abgebucht. Lastschriften aus
Supermärkten. Keine großen Summen. Mal 10 Euro, mal
20 Euro. Was zwei sparsame Mädchen brauchen, um zu
überleben.

Außerdem ergab ein Telefonanruf bei NaNes Oma in Au-
rich, dass NaNe bereits drei Tage vor Ende der Osterferi-
en abgereist war. Wohin? „Nach Hause natürlich. Was
fragst du?"

Also hatte Daniels Gefühl ihn nicht getrogen. Ev entschuldigte sich bei ihm sofort, nachdem sie die Nachrichten von NaNes Mutter erfahren hatte.

Die Polizei arbeitete schnell. Vermisstenmeldungen im
örtlichen Radio und Fernsehen. Plakate.

Einen Tag später wurde ihnen - Ev, Tobi, Daniel, Noah -
auf der Polizeistation ein Überwachungsvideo vorge-
führt. Frankfurter Hauptbahnhof am Ostersamstag.

Zwei Mädchen. Die Kleidung kannten sie.

Aber als eine der beiden - offensichtlich unbewusst - in die Kameras schaute, hielten alle ihren Atem ein.

„Nein, das ist nicht Nahi", flüsterte Tobi niedergeschmettert, obwohl das Mädchen Nahis Kopftuch trug.

„Ey, das ist NaNe. Aber warum mit Kopftuch?", rief Daniel gleichzeitig.

„Anscheinend haben sie ihre Kleidung getauscht", mutmaßte Ev.

Es war Noah, der die offensichtlichen Fragen stellte.

„Gibt es weitere Fotos?"

Nein, die gab es nicht.

„Wie sind sie weiter gefahren? Oder sind sie in Frankfurt geblieben?"

Das wusste die Polizei nicht. Aber es hatte einen kleinen Zwischenfall in der S2 gegeben. Mit einer Muslima und dem Kontrolleur. Aber davon gab es keine Videoaufzeichnungen.

Noah hakte nach: „Wovon handelte der Zwischenfall?"

Es war nichts Genaues bekannt. Das übliche: Fahrkartenkontrolle, alles in Ordnung, aber danach hatte sich die Muslima laut über den unangemessenen Ton der Kontrolleure beschwert.

Tobi schüttelte seinen Kopf. „Das klingt nicht nach Nahi. Das würde sie nie tun."

Dagegen nickte Daniel: „Ja, das passt zu NaNe. Denkt doch mal nach. Sie hat mit Nahi die Kleidung getauscht. Und ziemlich schnell merkt sie, wie sehr sie in dieser neuen Kleidung diskriminiert wird. Natürlich wehrt sie sich. "

Na klar, das klang nach NaNe.

„Okaaayy", Noahs Worte dehnten sich endlos.

„Gibt es Videos von dem Vorfall in der S 2?"

Nein, wie schon vorher erwähnt, die gab es nicht. Trotzdem klang das in den Ohren der anwesenden Freunde plausibel.

Wieder bei Ev angekommen, hockten sie in der Küche zusammen.

Noah übernahm die Initiative.

„Also. Wir gehen jetzt mal davon aus, dass sie die S2 genommen haben." Niemand äußerte eine Gegenmeinung.

Daher lud Noah die Haltestationen der Linie S2 auf sein Handy. „Wenn ihr einen Namen hört, der irgendetwas in euch hervorruft, sagt Stopp." Dann las vor: „Griesheim, Nied, Höchst, Sindlingen, Kriftel, Hofheim, Liederbach, Eppstein …"

„Stopp!" Es waren Ev und Daniel gleichzeitig, die bei „Hofheim" die Notbremse zogen.

„Warum?", Noah klang streng. „Ihr müsst jetzt eine vernünftige Erklärung abgeben."

Daniels Erklärung war vage. „Irgendwas mit NaNes Vater. Er hat wohl ein Grundstück im Wald. Mit was drauf."

Diese Aussage ließ Evs Gehirn rotieren. Ja, daran stimmte etwas. Aber was? *Mit was drauf. Was? Zelt? Nein! Was sonst? Haus? Auf keinen Fall. Was dann? Wagen. Ein - Wohnwagen!*

„Hmm", Evs Stimme klang zögerlich und gerade deshalb fesselte sie die Aufmerksamkeit aller, „ja, ich erinnere mich. Letzte Klasse Grundschule. Schul- Theater-Festival Rhein-Main oder irgend sowas. Es war ein Superding. Wir konnten teilnehmen. NaNes Papa hatte es ermöglicht. Wir durften auf seinem Privatgrundstück zelten. Und seinen Wohnwagen nutzen. 5 Tage Freiheit, 5 Tage absoluter Ausnahmezustand!" Sie lächelte.

„Und?" Noah klang dringend. „Gibt es den Wohnwagen noch? Zweitens: Hat NaNe einen Schlüssel? Außerdem: Wo genau steht er? "

Sie würden nachforschen müssen. Aber Noah war noch nicht zu Ende.

„Noch was: Sagen wir das jetzt der Polizei?"

Ohne sich anzusehen, schüttelten alle den Kopf.

Nein. Jedenfalls jetzt noch nicht. Sie würden es allein besser schaffen. Sie würden arbeitsteilig vorgehen. Die Polizei konnten sie noch später informieren, falls es notwendig wäre.

***

NaNes Mutter konnte auf die Fragen zum Wohnwagen keine Antwort geben. Aber sie würde NaNes Papa, ihren Exmann kontaktieren. Falls der aber gerade in den finnischen Wäldern wanderte, würde eine Antwort eine Weile dauern.

Ev seufzte.

Um sie aufzuheitern, löste NaNes Mama das Rätsel um den Osterurlaub.

Ja, sie hatten geplant, zusammen nach Griechenland zu fliegen, wie jedes Jahr. Doch dann war Nele, NaNes ostfriesische Oma, gestürzt, konnte sich nicht richtig bewegen und brauchte Unterstützung. Selbstlos hatte NaNe angeboten, sich um Oma zu kümmern, während Mama mit einer Freundin den Griechenlandurlaub genoss. Oma war glücklich, und kurz vor Ende der Ferien hatte NaNe ihre Mutter gebeten, sie in der Schule zu entschuldigen.

„Weil Oma noch dringende Arzttermine hätte. Natürlich habe ich meiner Tochter geglaubt. Ich konnte ja nicht ahnen…". Sie zuckte hilflos die Schultern.

„Vielleicht war ich zu vertrauensselig", räumte sie selbst-kritisch ein.

Ev lenkte das Gespräch auf das Taschengeldkonto.

„Ja, das ist geklärt. Die Bareinzahlungen stammen von Nahi. Ihre Eltern haben die Belege in Nahis Kopfkissenbezug gefunden. Woher das Geld stammt? Nahi hat doch gearbeitet, in einer Reinigung."

Ev erinnerte sich. Samstags hatte Nahi sich immer erst nachmittags mit den Freundinnen treffen können, auch in den Ferien hatte sie häufig Dienst.

„Natürlich hat sie einen Teil des Verdienstes an ihre Eltern gegeben. Aber eben nicht alles. Ihre Eltern wollten, dass sie sich davon Kleidung kauft und den Schulbedarf. Offensichtlich hat sie nicht alles gebraucht. Sie war sparsam. Vielleicht hat sie auch mal Trinkgeld bekommen."

NaNes Mama schwieg, beinahe erschöpft.

„Nahis Eltern machen sich nun Vorwürfe. Sie hätten sich das gesamte Geld geben lassen sollen. Andererseits … wovon sollten die Mädchen dann jetzt leben? Dann wäre jetzt alles noch schlimmer. Das hab ich ihnen gesagt!"

Ev wollte sich verabschieden, als sie sich an Noahs dringliches „Frag alles!" erinnerte. Hatte sie alles gefragt? Was brauchten sie noch, um den beiden Verschwundenen auf die Spur zu kommen?

„Äh, kennen Sie die Namen und Orte der Supermärkte, die abgebucht haben?"

Nein. Aber NaNes Mutter verstand sofort. „Das finde ich heraus. Ich rufe dich an oder schreibe dir eine Nachricht."

***

124

Beim nächsten Krisentreffen bestätigte Daniel, dass auch Sefi von Nahis Bargeld wusste. Sie hatte es in ihrem Kopfkissenbezug versteckt.

Sefi hatte außerdem erzählt, dass Nahi schlecht auf ihre Tante zu sprechen war. „Offenbar hat die sie ständig kontrolliert. Anders als hier bei ihren Eltern durfte sie nichts allein machen. Und wenn sie sich mal der Aufsicht entziehen konnte, ist sie anschließend bestraft worden mit zusätzlicher Hausarbeit und mit Hausarrest."

Tobi nickte geistesabwesend, dann starrte er wieder auf sein Handy. Er konnte es immer noch nicht fassen, dass Nahi für ihn nicht erreichbar war.

„Warum?", flüsterte er. „Warum redet sie nicht mit mir? Ich könnte ihr helfen!"

„Warum?" Ev spürte selbst, dass sie aggressiv klang. Aber allmählich verlor sie die Geduld mit Tobi. „Vielleicht weil NaNe ihr das Versprechen abgenommen hat, dass sie keinem Menschen Bescheid sagt?"

Unglücklich wandte Tobi ein: „Aber wieso hat sie so ein Versprechen gegeben? Ich bin doch ihr Freund?"

„Wieso, wieso, wieso?? Ich bin auch ihre Freundin – sogar von beiden, und keine hat mich eingeweiht. Vielleicht wollten sie zusammen das große Abenteuer suchen. Was weiß ich!"

Noah stoppte ihren Wutausbruch.

„Genau", sagte er betont ruhig, „ das ist die perfekte Frage: Wieso? Wieso sind die beiden abgehauen? Ohne jemanden zu informieren? Was ist passiert?"

Daniel nickte. „Ja, und offensichtlich nicht erst kürzlich. Sie müssen ja alles schon geplant haben, als sie noch hier zusammen waren. Also muss es schon vorher einen Grund zum Verschwinden gegeben haben, nicht erst in den letzten Ferientagen."

Zustimmend nickten alle. Sogar Tobi wachte aus seinem Kummer auf. „Du meinst: Wir finden den Schlüssel hier, bei uns?"

„Jaaaaa", wenn Noah Silben dehnte, war er mit Nachdenken noch nicht fertig. „Hmmm, vielleicht gab es am Anfang der Ferien noch nicht einen definitiven Grund. Aber eine Ahnung. Wenn das und das passieren würde, dann müssten sie verschwinden. Oder so ähnlich. Versteht ihr, was ich meine?"

Sie verstanden ihn gut. Trotzdem konnte sich niemand einen Grund vorstellen. Schon gar nicht mehrere.

Da klingelte Evs Handy. NaNes Mutter. Ev wiederholte laut die Namen der Supermärkte und die Ortschaften, in denen sie lagen. Daniel kritzelte alles auf einen Zettel. Noah aktivierte Google Maps.

Beim nächsten Einkauf gibt es keine Probleme·
Trotzdem sind sie nervös· Und traurig·
Alle besorgten Nachfragen ihrer Freunde und
Familie auf ihren Handys drücken sie weg· Das
fällt ihnen schwer· Gerne würden sie ihren Lieben Lebenszeichen geben· Ein bisschen argwöh-
nisch beobachten sie sich gegenseitig· Würde die
andere weich werden?
Auf dem Heimweg meiden sie den Kiosk· Sie
wollen nicht wieder mit irgendwelchen Angetrun-
kenen zusammentreffen· Sie kommen am Rathaus vorbei, und ihr Blick fällt auf eines der Pla-
kate· Gesucht· Ihre Fotos· Ihre Namen· Sach-
dienliche Hinweise bitte an ...
Als sie hinter sich Schritte hören, gehen sie wei-
ter· Schnell, aber nicht auffällig eilig·
„Wartet! Lasst uns einen Kaffee zusammen
trinken!" Die Stimme des jungen Kellners· Rasch
biegen sie um eine Ecke und rennen· Rechte
Straße, linke Straße, Gasse links, Abbiegung
rechts· Folgt er ihnen?

Sie drücken sich in einen Hauseingang. Haben sie ihn abgehängt? Fürs erste ja, aber auf Dauer? Ratlos blicken sie sich an.

Eine der beiden Freundinnen fummelt in ihrer Tasche. Wo ist die Karte mit der Telefonnummer des Taxiunternehmens, die der nette Taxifahrer mit dem Turban ihnen gegeben hat?

Das ist ein Risiko, ja, aber vielleicht ein geringeres, als noch lange durch diesen kleinen Ort zu laufen.

Als nach endloser Zeit endlich ein Taxi auftaucht, sind sie ein bisschen enttäuscht. Ein anderer Fahrer. Sommersprossig, rothaarig. Blaues Käppi auf den Locken. Sein Deutsch hat einen englischen Akzent. Sie tun so, als ob sie ihn nicht verstehen, und er schaltet das Radio an.

Nachrichten. Wie immer. Vermisstenmeldungen. Sie erstarren.

Seit Donnerstag ... zwei 16jährige ... vermisst ... vermutlich gemeinsam unterwegs ... im Rhein-Main-Gebiet ... Ihre Namen ...

... Personenbeschreibung ...

Der Fahrer gähnt, aber bei der Personenbeschreibung schaut er in den Rückspiegel. Irgendetwas scheint ihn zu fesseln. Eins der Mädchen, das

mit der helleren Haut, zieht die Kapuze ihres
Pullis tief in die Stirn, schließt die Augen (Farbe? Grau oder Blau?) legt den Kopf auf die
Schultern des dunkelhaarigen Mädchens und
scheint einzuschlafen·

Das andere Mädchen trägt kein Kopftuch, anders
als die Personenbeschreibung aussagt· Offene
braune Locken· Sie spricht perfekt Deutsch und
ist selbstbewusst· Im Rückspiegel treffen sich
ihre Blicke· Sie schlägt nicht die Augen nieder,
sondern schaut ihn durchdringend an·

„Also kein afghanisches Flüchtlingsmädchen!"
Der Taxifahrer ist sicher· Trotzdem merkt er
sich die Stelle, an der sie das Taxi verlassen· Ein
Sportplatz· Zum Galgenköppel· Seltsamer Name·
Häuser sieht er erst mehrere hundert Meter
entfernt· Die beiden bezahlen und geben ihm
sogar noch ein Trinkgeld· Also, was soll´s? Es
gibt keinen Grund, die Polizei einzuschalten·

Die beiden Mädchen bewegen sich auf die Häuser
zu· Erst als das Taxi gewendet hat und an ihnen
vorbei fährt, drehen sie in einen kleinen Waldweg
ab· Richtung Wohnwagen·

Es wird die letzte Übernachtung dort sein. Sie schauen sich nicht an, aber sie wissen, dass sie beide dasselbe denken: Noch einmal Wohnwagen. Und dann?
Wohin?

15 Auf eigene Faust

Auf Noahs Handy zeigte Google Maps ein Gebiet westlich von Frankfurt, nahe am Taunus. Kleine Punkte, die Supermärkte symbolisieren, bildeten einen Halbkreis.

„Offensichtlich haben sie nicht weiter nördlich eingekauft", interpretierte Noah seine Karte für die Freunde. „Entweder gibt es dort keine Supermärkte, oder der Weg dorthin ist beschwerlich; vielleicht gibt es keine öffentlichen Verkehrsmittel. Oder sie befürchten, dort erkannt zu werden."

Ja, das klang logisch. Alle nickten.

Als Evs Handy klingelte und sich ihre Augen erstaunt weiteten, warteten alle mit angehaltenem Atem. Nach Beendigung des Gesprächs gab sie die neuesten Infos bekannt: NaNes Mama. Sie hatte den Papa erreicht. Ja, er hatte den Wohnwagen noch. „Der steht irgendwo zwischen Hofheim, Diedenbergen, Langenhain, Breckenheim. Im Wald auf einer Lichtung. Eingezäunt. Denn es ist ein Privatgrundstück. Nein, es gibt dahin keine öffentlichen Straßen, nur Forstwege. Aber NaNes Papa hat eine Sondererlaubnis zur Nutzung der Forstwege."

Als Ev fertig war, hatte Noah bereits die wichtigen Koordinaten in seine Karte eingetragen. Er lächelte sie an.

„Schau, ganz einfach. Man kann die Entfernung laufen. Oder ein Fahrrad nehmen. Wann brechen wir auf?"

Entsetzt starrte Ev ihn an. Sollten sie etwa die beiden allein suchen?

Sie dachte einen Moment nach.

Ja, das war richtig. Das waren sie ihren Freundinnen schuldig. Warum Polizei und Eltern einschalten, solange sie nicht wussten, warum die beiden abgehauen waren?

Vielleicht hatte ihr Verschwinden ja gerade etwas mit Polizei und Eltern zu tun?

Als ihr Kopf endlich nickte, bemerkte sie, dass Daniel und Tobi sich bereits neben Noah gestellt hatten. Falls sie anderer Meinung gewesen wäre, hätte man sie sowieso überstimmt.

Aber nein, das war nicht nötig. Denn sie fand Noahs Idee richtig.

Und da Mama nicht da war, hatte sie die Freiheit, allein oder mit Freunden wegzufahren. Denn Papa würde es nicht verbieten; er würde nur verlangen, dass sie gut auf sich aufpasste. Klar. Das würde sie natürlich tun.

Zum ersten Mal seit Mamas Verschwinden verspürte sie Erleichterung. Ein Gefühl von Freiheit. Mamas Besorgnisse konnten sie nicht länger von wichtigen Unternehmungen abhalten.

Das Strahlen in ihren Augen lockte auf Noahs Gesicht ein Lächeln: „Du kommst mit?"

„Natürlich, nur ich kenne die Gegend und den Wohnwagen. Wenn es auch schon sehr lange her ist."

Sie zwängte sich zwischen Noah und Daniel und spürte froh, wie Noah seinen Arm um ihre Schulter legte. Daniel runzelte die Stirn, und sie fühlte, dass sie einen Plan herbeizaubern musste.

„Hört zu: Noah und ich versuchen die Spuren von NaNe und Nahi zu verfolgen. Vielleicht haben wir Glück und finden sie. Vielleicht auch nicht. Auf jeden Fall brauchen wir Support von zu Hause. Daniel, das kannst du am besten. Du hältst Kontakt zu Sefi und Nahis Familie. Vielleicht versuchst du es auch mit dieser Tante."

Als Daniel protestieren wollte, hatte Noah die rettende Idee: „Natürlich bist du auch die Mittelsperson zu NaNe. Ev wird ihre Mutter und dich zusammenbringen."

Da Ev einen heftigen Druck auf ihrer rechten Schulter verspürte, nickte sie automatisch: „Bitte Daniel, finde heraus, warum NaNe mit Nahi verschwunden ist. Wenn wir den Grund wissen, können wir beiden besser helfen." Noahs bewundernder Blick klebte auf ihr, und Ev wünschte sehnsüchtig, dass sie noch mehr gute Ideen hätte.

Stattdessen meldete sich Tobi. „Und ich? Ich habe hier keine Aufgabe. Ich komme mit."

Ev hatte den Eindruck, dass ihre und Noahs gute Stimmung schrumpfte wie ein Ballon, aus dem die Luft abgelassen wurde.

Aber ein Blick auf Noah zeigte: Auch er hatte keine Idee, wie er Tobi von seinem Vorhaben abbringen konnte.

Lahm warf Ev ein: „Aber deine Oma braucht dich!" Und Noah murmelte etwas von Mama.

Sie wussten selbst, dass das Quatsch war.

Tobis Oma stand kurz vor ihrem Frühlings-Urlaub und Tobis Mama würde wahrscheinlich bald wieder ihrem Auslands-Journalisten-Job nachgehen.

***

Wie erwartet, schrieb Papa ihr die Entschuldigungen für die Schule. Er hatte normalen Dienst und sein Gesicht wurde wieder voller und verlor die blasse Hautfarbe. Natürlich machte es auch Papa nicht ohne Auflagen und Erklärungen. „Vertraue dir… trotzdem Sorgen … Gefahren für Jugendliche … besonders Mädchen … ah, Noah kommt mit … schon besser … tägliche Nachrichten…"

Sie versprach, dass sie sich täglich melden würde. Und sie war ihm dankbar.

Mama hätte nicht so schnell zugestimmt. Weil sie Angst um mich hat. Weil ich ein Mädchen bin. Warum eigent-

lich? Müssen die Jungen auch täglich Rechenschaft able-
gen?
Bei Gelegenheit würde sie Noah und Tobi fragen. *Ande-*
rerseits: Ist es wirklich ein gutes Zeichen, wenn ihre Fami-
lien sich nicht darum kümmern, was Noah oder Tobi täg-
lich tun und wie es ihnen geht?
Ev verschob das Nachdenken über diese Frage.

15 Was nun?

Sie müssen weg. Leider. Denn der Wohnwagen
ist ein kuscheliges Zuhause gewesen. Aber wohin?

Sie haben keine Idee. Klar ist beiden, dass sie
nicht nach Hause zurück können. Jedenfalls nicht
jetzt. Erst müssen die Probleme geklärt sein.
Und die sind riesig. Mit ihren Familien und den
Behörden.

Zur Klärung brauchen sie ihre Freunde und die
Einsicht ihrer Familien. Aber noch geht das
nicht. Noch ist alles viel zu unklar. Auch in ihren eigenen Köpfen.

Zum letzten Mal steigen sie auf den Hochsitz.
Er liegt nicht weit vom Wohnwagen weg, aber
viel höher. Eindringlinge oder Suchende kann man
von ihm aus viel schneller erkennen.

Heute sehen sie keine Bewegungen in Richtung
ihres Wohnwagens. Der Himmel ist blau, und der
Odenwald gegenüber zeigt klare Bergkonturen.
Schön.

Links davon die Skyline von Frankfurt, vielfältig,
die unterschiedlichen Hochhaustypen werden von
der untergehenden Abendsonne angestrahlt. Ein

beleuchteter runder Kreis rechts – das Waldstadion. Aufsteigende Flugzeuge blitzen in der Sonne.

Wollen sie hier wirklich weg?

Nein. Aber es bleibt ihnen nichts anderes übrig. Ihre Vermisstenmeldungen sind veröffentlicht, und bald werden auch ihre Freunde und Familien Ideen entwickeln, wo sie sein könnten. Falls nicht schon vorher der junge Kellner oder einer der Taxifahrer oder eine Verkäuferin aus dem Supermarkt sie erkennen und bei der Polizei melden. Oder sogar die Jugendlichen vom Kiosk sie bis hierhin verfolgen.

Keine Frage: Sie müssen fort. Aber wohin? Nach Finnland? Ohne gültige Pässe und ohne Erwachsene werden sie keine Grenze überschreiten können.

Also Inland. Tante und Oma sind alarmiert, also keine gute Wahl. Wer könnte noch in Frage kommen?

Sie denken nach. Eigentlich nur ...

Wirklich? Sie bestätigen sich gegenseitig. Ja, das wäre eine Option.

19 Auf der Spur

Im Frankfurter Hauptbahnhof herrschte dichtes Gedränge. Mehrfach schoben sich fremde eilige Menschen zwischen die drei Freunde und trennten sie.
Da fasste Noah sie einfach an der Hand. „Komm", er lachte sie an, „sonst verlieren wir uns noch." Sie blickte sich kurz nach Tobi um, dann schlossen sich ihre Finger fest um Noahs Hand. „Ja, das ist besser so!"
Hand in Hand suchten sie Gleis 103, Hand in Hand studierten sie dort die blauen Anzeigetafeln und fanden schließlich die Ankunftszeit der S2.
Irgendwie hatte Tobi es geschafft, ihnen zu folgen, obwohl er ziemlich desorientiert wirkte. Immer wieder schaute er nach hinten, zur Seite, stellte sich auf die Zehenspitzen, um Überblick zu gewinnen. Offensichtlich suchte er jemanden.
Ev stieß ihren Ellenbogen in Noahs Seite und deutete mit dem Kinn auf Tobi. „Glaubst du ... er sucht hier? Denkt er etwa, er könnte sie hier in diesem Gewimmel finden?"
Noah drückte ihre Hand fester und nickte. Ihr wurde warm ums Herz.
Auch in der S-Bahn ließ Noah ihre Hand nicht los. Tobi warf einen kurzen Blick auf sie, seufzte dann und ließ sich auf den Sitz gegenüber fallen.
Als die Bahn anfuhr, presste er sein Gesicht gegen die Scheibe.
Nur nicht diese beiden zärtlich verknoteten Hände angucken! Sie erinnerten ihn an seine letzten Stunden mit Nahi. Immer wenn sie ihrer Tante entwischen konnte, hatten sie sich kurz gesehen. Nicht nur gesehen. Sie hatten Händchen gehalten. Manchmal hatten sie sich in einer dunklen Ecke gestreichelt. Beim letzten Mal hatten

sie sich geküsst. Auf den Mund. Er atmete tief in der Erinnerung. Sie schmeckte warm, weich und ... einfach nach mehr!

Ein Gegenzug donnerte an ihm vorbei. Er wollte erschrocken seinen Kopf zurückziehen, als für den Bruchteil einer Sekunde ihr Gesicht an seinem vorbeiflog. Doch! Sie war es! Auch wenn sie kein Kopftuch trug!

Ungläubig rieb er sich die Augen. Konnte das sein? Oder hatte seine Fantasie ihm einen Streich gespielt?

Ein Blick auf Noah und Ev überzeugte ihn, dass die beiden nichts bemerkt hatten. Aber wie sollten sie auch? Inzwischen hielten sie sich nicht nur an den Händen, sondern schauten sich auch tief in die Augen.

Wieder seufzte er. Was sollte er tun? An der nächsten Station aussteigen und Nahi auf eigene Faust suchen? Aussichtslos, wenn er an das Gewimmel im Frankfurter Hauptbahnhof dachte, an die vielen Personen, an all die Bahnen, Busse, Taxen und Trams in alle Richtungen Frankfurts, nein, in alle Richtungen Deutschlands.

Null Chance.

Besser war es, jetzt systematisch vorzugehen und Aufenthaltsorte zu finden oder auszuschließen. Also folgte er in Hofheim verbissen Noah und Ev, wohl wissend, dass er Nahi und NaNe nicht treffen würde.

Nun übernahm Ev die Führung. Sie hatte lange mit NaNes Vater telefoniert und wusste genau, wohin sie wollte.

Am Ausgang des kleinen Bahnhofs stiegen sie in ein Taxi. Ev setzte sich neben den Fahrer. Als sie den Bestimmungsort nannte, blickte dieser sie verblüfft an. Er schüttelte knapp den Kopf, gab kurz Taxinummer und Ziel an die Zentrale weiter und fuhr dann los. Immer wieder musterte er möglichst unauffällig Ev neben sich und die beiden Jugendlichen auf der Rückbank.

„Eigentlich kein gutes Wetter zum Sporttreiben", begann er ein Gespräch, nachdem sie den Ort verlassen hatten. „Hä? Wir wollen ja auch …". Bevor Noah weiterreden konnte, hatte Ev sich umgedreht und ihm einen warnenden Blick zugeworfen.

„Wir wollen ja auch bloß erstmal sehen, ob der Platz überhaupt etwas für uns ist", harmlos führte Ev Noahs Satz zu Ende.

Der Fahrer schwieg einen Moment. Dann zeigte er auf eine große Sportanlage neben sich. „Hier – Sportpark Heide – der bietet vielfältige Übungsmöglichkeiten. Aber Sportplatz am Galgenkippel – nur Fußball! Na ja, vielleicht noch ein bisschen Leichtathletik."

Er setzte den Blinker nach links und bog dann auf eine Straße ein. Als weder Ev noch die Jungen etwas antworteten, murmelte er: „Was ihr jungen Leute nur mit dem Galgenkippel habt? Jahrelang nichts – und nun plötzlich andauernd. Ist das ein neuer Jugendtreff? Heimliche Feten, Alkohol und mehr?" Er grinste anzüglich.

Ev blickte stur geradeaus, aber Tobi erwachte aus seiner Lethargie. „Wieso andauernd?" Der Fahrer bog nach links auf einen kaum befestigten Platz, auf dem einige Autos standen. Mit seiner rechten Hand deutete er über die Straße hinweg auf eine kleine Sportanlage. „Bitte schön: Sportplatz am Galgenkippel!"

Ev bezahlte mit dem Geld, das Papa ihr vorsorglich mitgegeben hatte, aber Tobi stieg noch nicht aus. Plötzlich war er hellwach. „Welche jungen Leute haben sich hierher fahren lassen?", fragte er neugierig.

„Na ja, zwei Mädchen. Eine dunkelhaarige und eine helle. Nein, mehr weiß ich nicht." Er zählte das Geld nach. Offenbar hatte Ev ein großzügiges Trinkgeld gegeben, denn er wirkte nun offener. „Ich habe sie nie gefahren. Aber Mahmud weiß mehr. Vielleicht auch George."

Er winkte ihnen kurz zu, wendete dann und brauste Richtung Hofheim zurück.

***

Der Wohnwagen war schnell gefunden. Sie deuteten auch die Spuren richtig. Klar, hier hatten Personen übernachtet. Offenbar hatten sich die Übernachtenden auch einen Fluchtweg bereitgehalten - ein gut getarntes Loch im Zaun. Auf dem nahegelegenen Hochsitz fanden sie in einer Spalte zwischen zwei Balken einen kleinen Gegenstand: eine grüne Haarspange mit einem blauen Schmetterling. Tobi ergriff sie sofort und steckte sie in seine Hosentasche. Auf Evs Frage:„Nahis Spange?" nickte er.

***

In dem kleinen Café fühlten sie sich beobachtet. Zum einen von Jugendlichen mit Bierflaschen am Spielautomaten. Zum anderen wirkte der junge Kellner übermäßig neugierig.

Also flüsterten sie nur. Dennoch bemerkten sie den Kellner erst, als er Kaffee, Tee und Kakao direkt vor ihnen abstellte. Tobi schob sofort sein Handy unter den Tisch, aber der Kellner hatte schon das Fahndungsfoto gesehen.

„Das kennen wir alle", kommentierte er, „eins hängt sogar bei uns am Rathaus."

Vorsichtig warf der einen Blick auf den Spielautomaten. Dort wurde gerade gejubelt.

„Kennt ihr die beiden?"

„Ja, sie sind meine Freundinnen", sagte Ev und zeigte ihm schnell ein Foto von sich, NaNe und Nahi.

Mit dem Rücken zum Spielautomaten flüsterte der junge Kellner: „Sie waren hier, und ich habe sie auch im Supermarkt gesehen. Vorgestern zum letzten Mal."

Dann legte er geschäftsmäßig einen Kassenzettel auf den Tisch und nannte ihnen laut eine Summe. Ev bezahlte.

***

Es hatte keinen Zweck, die Taxifahrer zu befragen, denn alle waren sicher, dass NaNe und Nahi hier gewesen waren.

„Höchstens um herauszufinden, ob die beiden für ihre Abfahrt ein Taxi benutzt haben und wohin", schlug Noah vor. Aber Tobi war dagegen. Er hatte Gründe, die er den Freunden nicht mitteilte. Was er sagte, war: „Sie sind nicht dumm. Sie werden – wie auch immer, mit Taxi, mit Bus oder Bahn – nach Frankfurt zurückgefahren sein. Denn dort können sie ihre Spuren am besten verwischen."

Tobi hatte Recht. Frankfurt war ein Knotenpunkt, nicht nur innerhalb Deutschlands. Sondern auch innerhalb Europas.

Natürlich fanden sie nichts in Frankfurt. Keine Spur im Ticket Office, nur Misstrauen wegen ihrer Fragen. Niemand konnte sich in einem der Shops erinnern, ob die beiden dort etwas gegessen, getrunken oder gekauft hatten. Null Ahnung in den beiden Buchläden. Weder der Security noch der Bahnhofspolizei war etwas Auffälliges gemeldet worden, was mit zwei vermissten Mädchen zusammenhing. Kein Hinweis auf der Damentoilette. Absolut nichts.

Niedergeschlagen fuhren sie nach Hause zurück. „Alles zurück auf Null", murmelte Ev mutlos.

Aber heimlich hoffte Tobi auf ein Wunder.

Teil 2

20 Im tiefen Loch

Tobis Wunder traf nicht ein.

Eher war alles auf Null, so wie Ev es empfunden hatte. Es gab weder offizielle noch inoffizielle Botschaften von Nahi oder NaNe.

Absolute Trostlosigkeit herrschte in Nahis Familie, denn auch Sefi hatte keine heimlichen Nachrichten von Nahi erhalten.

Im Gegensatz dazu klammerte sich NaNes Mutter an die Stärke ihrer Tochter: „Sie weiß, was sie tut. Sie hat ihre Gründe. Ich vertraue ihr. Wenn es ihr wirklich schlecht geht, wird sie sich melden."

Ev fand diese Haltung bewundernswert. Vielleicht sollte sie das Verhalten ihrer eigenen Mutter genauso einschätzen?

Noch fiel ihr das schwer.

Aber Mama war nun wirklich nicht mehr das Hauptproblem.

Das Hauptproblem war … sie wagte es sich kaum einzugestehen … das Hauptproblem war Noah. Nein, eigentlich auch nicht.

Das Hauptproblem war sie selbst. Sie, Ev.

Irgendwie wurde sie dieses angenehme Gefühl nicht los. Diese Wärme, ja sogar Zärtlichkeit, die von Noahs Hand ausgegangen war. Aber natürlich hatte sie sich das nur eingebildet. Damals am Frankfurter Hauptbahnhof hatte Noah rein rational gehandelt: Er hatte ihre Hand ergriffen, um sie im Gewirr der Personen nicht zu verlieren. Nicht mehr.

Sie, Ev, war blöd genug gewesen, mehr als Notwendigkeit anzunehmen. Sie hatte romantische Gefühle vermutet, nein, nicht nur vermutet. Sie selbst hatte sie definitiv gefühlt.

Und nun? Noah hatte sich seit der Heimreise nicht mehr gemeldet. Also keine romantischen Gefühle seinerseits. Deshalb empörte sich ihr Inneres und verdammte Noah. Andererseits meldete sich ihr Verstand und bot tausende von Erklärungen für Noahs Verhalten an.

„Was ist mit dir, Eva-Maria?" Offenbar hatte Papa sie beobachtet, wie sie in der Küche zwischen Kühlschrank, Fenster, Tisch hin und her tigerte.

„Nichts!" Sie äußerte das zwar sehr entschieden, aber gleichzeitig wusste sie, dass es Papa nicht überzeugen würde.

„Natürlich bin ich unzufrieden, dass wir Nahi und NaNe nicht gefunden haben!"

Papa nickte.

„Und natürlich mache ich mir Sorgen, wo sie nun sind und was mit ihnen wird."

Papa nickte wieder. Sie schwieg.

Offenbar wartete er auf mehr. „Und was noch?"

Er hatte sanft gefragt; aber sie antwortete so aggressiv, dass sie selbst erschrak: „Nichts! Was sollte das denn sein??"

Papa nickte zum dritten Mal. Gedankenverloren.

Er stellte sich ans Fenster. Sein Blick schwebte über das nahe Main-Tal und die Odenwaldberge im Hintergrund. Seine Stimme klang fern.

„Manchmal machen es sich Lieb… ich meine Freunde … , aber natürlich auch Liebende, doch dazu bist du noch zu jung. Also: Manchmal machen es sich Freunde unnötig schwer. Einer vermutet eine böse Absicht, wenn sich die oder der andere nicht meldet. Oder ähnlich. Dabei gibt es gute Gründe. Leider sind die meisten: Missverständnisse.

Es kommt häufig vor, dass der oder die andere erwartet, dass Kontakt von der anderen Seite aufgenommen werden müsste."

Er seufzte. Dann drehte er sich um und schloss sie kurz in seine Arme. „Ich weiß. Ich habe kein Recht, mit dir über gelungene Kommunikation zu sprechen. Ich selbst habe das überhaupt nicht beherrscht."

Er drückte sie fest, küsste sie kurz auf die Stirn.

„Sorry."

Sie fand, dass er keinen Grund hatte sich zu entschuldigen.

Noch lange würde sie darüber nachdenken müssen, was seine Aussage über Missverständnisse für sie und Noah bedeutete.

**

Sie konnte nicht einschlafen.

Dunkel, dunkel, dunkel. Sie fühlte sich in einem endlosen Tunnel. Nirgendwo Licht.

NaNe und Nahi? Alles schwarz.

Mama? Kleine Lichtflecken, aber überwiegend dunkel.

Noah? Er tauchte irgendwo am Ende des Tunnels auf und deutete mit seiner rechten Hand auf das einfallende Licht.

Was sollte das?

Hatte er weiterführende Ideen? Sollte Ev nachfragen?

Was waren seine Vorstellungen?

Sie seufzte. Papas Worte drifteten durch ihren Kopf – Missverständnisse – Kontakt von der anderen Seite ….

Nein, jetzt war es zu spät. Sie würde Noah gleich morgen früh anrufen.

**

Doch dazu kam es nicht.

Opa Manfred und Opa Klaus luden sie zum Abschieds-
frühstück ein. In den „Brötchenhunger".

„Wir haben gehört, man soll dort gut frühstücken können. Ein ansprechendes Büfett. Für junge und alte Menschen."

Das stimmte. Das Publikum war gemischt, und das Büfett
war genau so vielfältig.

Ev freute sich, dass Opa Manfred fit und unternehmungslustig wirkte, und Opa Klaus nickte ihr erleichtert zu:

„Ja, jetzt wo es Manfred besser geht, haben wir uns entschlossen mal wieder zu reisen. In den Süden. Vielleicht
Spanien? Granada kennen wir noch nicht."

Als Ev sich an einem Stück Vollkornbrötchen verschluckte, klopften ihr zwei alte Hände von links und von rechts
auf den Rücken.

„Wieso Granada?", ächzte sie und dämpfte den Husten-
reiz mit einem Schluck Wasser.

„Warum nicht?" Die beiden alten Herren tranken entspannt Tee und bissen genüsslich in ihre weiche Kuchen-
stücke. Dennoch hatte Ev den Eindruck, dass beide sie
genau beobachteten.

„Ähh", ihr fiel keine gute Erklärung ein, „es ist halt komisch, dass nun alle nach Spanien wollen."

„Alle?" Opa Klaus hob seine rechte Augenbraue. „Wer:
alle?"

„Na ja: Mama, ihr Freund, dann Brigitte, jetzt ihr. Übrigens fand Brigitte Granada auch interessant."

Die beiden Männer tauschten einvernehmliche Blicke.

„Bist du sicher, dass alle nach Spanien gereist sind?"

Sicher! Was heißt sicher? Natürlich bin ich nicht sicher.
Ich habe nur so ein ... so ein Bauchgefühl.

Sie schüttelte den Kopf. „Nee, sicher bin ich natürlich nicht."

„Aber du hast so ein Gefühl?" Als sie nickte, tätschelten zwei verschiedene Alte-Herren-Hände ihre Schultern.

„Glaub an dein Gefühl! Es wird dich richtig leiten!" Das war Opa Manfred.

„Aber vergiss auch deinen Verstand nicht", das war Opa Klaus. „Du bist klug; prüfe alles immer wieder mit deinem Verstand."

Sie hatten sich neue Smartphones gekauft.

„Und natürlich schicken wir dir regelmäßig Fotos!"

„Schließlich ist Spanien ja auch ein bisschen deine Heimat!"

Ob Ev ihnen die Fotos aus dem Album abfotografieren und senden könne?

„Du weißt, aus dem Album, dass du in Cecilias Zimmer gefunden hast."

Damit könne man gleich WhatsApp ausprobieren. „Und ob es klappt."

Es klappte. Ev freute sich über den Jubel der alten Herren, weil sie die Technik beherrschten. Aber insgeheim hatte sie den Eindruck, dass es nicht nur um Technik ging. Sondern um …

… um Spurensuche. Warum auch nicht? Wenn sie mich als ihre Enkeltochter betrachten, haben sie schon immer Mama als ihre Tochter angesehen. Und nach einer verschwundenen Tochter sucht man. Das ist gut so.

„Ich wünsche euch Glück", schrieb sie auf WhatsApp. Drei erhobene Daumen wurden zurückgesendet. Also hatten die alten Herren bereits die Emojis entdeckt. Super! Dann würden sie vielleicht auch Mama in Spanien finden … .

Sie stoppte diesen Gedanken. Wunschdenken.

Und wie gesagt: Mama war nicht mehr das Hauptproblem.

***

Doch bevor sie selbst das Hauptproblem angehen konnte, meldete es sich selbst. Noah. Rein sachlich. Er schickte ihr eine Email mit Anhang:

„Liebe Ev! Schau mal, was Elisa und Tom aus unserer Idee mit der Lebensmittelverschwendung gemacht haben! Ich finde es cool. Hoffe dir geht es gut. Vielleicht können wir uns ja schnell mit Elisa und Tom treffen? Herzliche Grüße Noah."

Sie hätte schreien können.

Warum?

Denn das anhängende Video war wirklich cool.

Elisa und Tom hatten Handyaufnahmen von der Tafel gemacht. Videos und Fotos. Von den geretteten Lebensmitteln. Von dankbaren Kunden. Und vor allem von Samson und Mizan. In ihrer Doppelrolle als Kunden und Mitarbeiter der Tafel hatten sie sie interviewt. Und dann hatten sie die beiden beim Musikmachen gefilmt. „Der ultimative Tafel-Song. By Mizan and Samson."

Der Song war umwerfend.

Also: Kein Grund zum Schreien. Sondern zur Bewunderung. Und ein Grund für neue Ideen: Konnte man nicht auch den S4N-Blog durch Videos besser verdeutlichen? Und mit Musik aufpeppen?

Warum also ihr Drang zu schreien?

Weil Noah so zweideutig ist! Was will er denn? Nur sachliche Zusammenarbeit für S4N? Oder interessiere ich als Person ihn auch? ´Hoffe, dir geht es gut. ... treffen ... aber zusammen mit Elisa und Tom ...´. Ist das nun ein Zeichen für mich persönlich oder für S4N?

Sie dachte an Opa Manfred und Opa Klaus und deren Aussagen über Gefühl und Verstand. Auch Papas Aussagen über Missverständnisse zwischen Freunden drängten sich in ihr Bewusstsein.

Sie entschied: *Beides. Es ist beides. Ein Zeichen für S4N und für mich. Vielleicht hat er Angst. Einfach Angst, dass ich ablehne, wenn er direkt fragt, ob wir uns treffen können.*

Ja, das klang plausibel. Oder: jedenfalls hoffnungsvoll. Erleichtert atmete sie auf. Okay. Das war in der jetzigen Situation der richtige Weg: Gemeinsame Arbeit. *Ob mehr daraus wird, kann man dann sehen. Aber jetzt ist das erstmal gut so.*

Sie schrieb an S4N und machte mehrere Terminvorschläge.

***

Es waren die vier Nachrichten seiner Oma, die für Tobi Licht in sein eigenes schwarzes Loch brachten. Oder zumindest Wirbel mit einem Hauch von Licht.

Die erste Botschaft erreichte ihn mit einem nichtssagenden Fotos eines Flughafens.

„Sind sicher in Madrid gelandet und auch gut durch die Passkontrolle gekommen. Glücklicherweise keine Probleme. Schauen uns ein bisschen die Hauptstadt an. Planung: Weiter nach Granada, der Utopie des Mittelalters."

Wenige Stunden später: „Haben bequemes Hotel. Auch die anderen Damen genießen den Komfort."

Um Mitternacht: „Falls Mama Zeit hat, soll sie über eure Ausländerbehörde recherchieren. Und deren Umgang mit Flüchtlingen."

Zwei Minuten später: „Wahrscheinlich hat Mama keine Zeit. Ihr müsst es selbst tun. Fragt vorher Daniel und Sefi. Stichwort Video."

Tobis Kopf schwirrte. Wieso war Oma mit Freundinnen unterwegs? Darüber hatte sie bei ihren Urlaubsplanungen nicht gesprochen.

Was sollte der komische Hinweis auf die Passkontrolle? Völlig unsinnig, sich in Europa Sorgen wegen der Passkontrolle zu machen!

Und natürlich würde Oma alle historischen Sehenswürdigkeiten besichtigen, die in ihrer Reichweite lagen – das war sowieso selbstverständlich! Warum also erwähnte sie Granada?

Bis hierher also nur Unklarheit.

Aber offensichtlich dachte sie auch an Nahi: Warum sonst sollte Mama (die natürlich keine Zeit hatte) oder „ihr" (wer? wahrscheinlich Ev und er selbst) – warum sollten sie über die Ausländerbehörde nachforschen? Hatte diese Anteil an Nahis Verschwinden? War das eine Spur, ein Hoffnungsschimmer?

Tobi schrieb eine Mail an Ev, Noah und Daniel: „Können wir uns treffen? Direkt morgen früh? Oma meint, wir müssten uns um die Ausländerbehörde kümmern."

Alle antworteten sofort. Ja, morgen um 10.00 Uhr bei Ev. Schließlich war es Samstag. „Jeder bringt was zum Frühstück mit."

***

Eigentlich war ein üppiges Frühstückbüfett zusammen gekommen, aber niemand würdigte es wirklich. Alle waren in ihren eigenen Gedanken gefangen und aßen eher nebenbei.

Noah übernahm die Gesprächsführung. „Die Hauptfrage ist", er biss herzhaft in eines der mit Käse belegten Brötchen, die Ev zum Büfett beigesteuert hatte, „die Hauptfrage ist: Warum? Warum sind NaNe und Nahi zusammen verschwunden? Sie sind zwei völlig verschiedene Menschen, mit unterschiedlichen familiären Hintergründen und verschiedenem sozialen Umfeld. Warum sind sie also zusammen weg? Was ist der gemeinsame Grund?"

Ja, das waren die wichtigen Fragen: Warum überhaupt? Und warum zusammen?

Alle nickten.

„Aus Freundschaftsgründen", vermutete Daniel. „NaNe ist ein solidarischer Mensch. Sie wollte ihrer Freundin helfen."

Noah nickte, aber Ev schüttelte den Kopf. „Wahrscheinlich hätte NaNe ihr hier zu Hause besser helfen können. Mit uns zusammen und auch mit der Hilfe ihrer Mutter. Statt in einem Wohnwagen. Oder jetzt von … wer weiß wo!"

„Und selbst wenn", Tobi unterstrich Evs Argument, „warum sollte Nahi verschwinden? Sie ist die Stütze ihrer Familie. Sie erledigt alles für sie. Ohne sie hat die Familie Probleme. Das weiß Nahi sehr genau."

Schweigen.

Ja, Tobis Einwand stimmte.

„Es sei denn", Noahs Stimme klang nachdenklich, „es ist irgendwas vorgefallen. Ein Streit. Oder was anderes."

Er dachte einen Moment nach: „Warum hat sie ihre Tante besucht? Ohne ihre Familie?"

Ev zögerte. Würde Noah sauer auf sie werden, wenn sie ihm widersprach?

Aber Tobi war schneller: „Ach, das macht sie eigentlich häufig in den Ferien. Der Besuch war lange geplant. Deshalb habe ich doch…". Er stocke kurz und fügte dann ehrlich hinzu: „Deshalb hab ich doch die Pfadfinderfreizeit gebucht. Wir wollten uns in Stuttgart treffen."

Unwillkürlich schüttelte Ev ihren Kopf. Etwas machte keinen Sinn.

„Was ist, Ev?" Noah hatte ihr kleines Signal wahrgenommen.

„Ich weiß nicht. Irgendwas passt nicht. Aber was?"

Sie dachte nach. Das letzte Telefongespräch mit Nahi. Die seltsamen Hinweise. Das letzte Überraschungs-Treffen mit ihr? Ja, da war was. Aber was?

Ihre Gedanken kamen nicht weiter, zumal Daniel eine andere Idee verfolgte.

„Wieso wusstet ihr nicht, dass NaNe bei ihrer ostfriesischen Oma ist?"

Ev entgegnete mit einer Gegenfrage: „Woher wusstest du, dass sie nicht mit ihrer Mutter nach Griechenland geflogen ist?"

Daniel wusste es von Sefi.

Ach?!? Wieso das? Was hatte NaNe mit Sefi zu tun? Eigentlich nichts.

Doch Tobi erschien dies nun der richtige Zeitpunkt, auf sein eigentliches Anliegen zu kommen: die Nachricht seiner Oma.

Recherchieren. Ausländerbehörde. Vorher Daniel und Sefi kontaktieren.

„Was ist mit der Ausländerbehörde?"

„Natürlich Mist", antwortete Daniel, „Schikane und so. Völlige Willkür. Das wisst ihr doch."

Alle nickten und hingen ihren Gedanken nach, und die fielen sehr unterschiedlich aus.

Nach einer Weile verabschiedeten sich Tobi und Daniel.

Noah blieb, um Ev beim Aufräumen zu helfen. Die übrig gebliebenen Lebensmittel wurden im Kühlschrank verstaut, da Noah sich weigerte, Reste mit nach Hause zu nehmen: „Wir haben genug!"
Ev nickte, obwohl sie es nicht glaubte.
Würdest du denn wollen, dass andere merken, dass du vielleicht mehr zum Essen gebrauchen könntest? Absolut no, no, no!
Sie selbst wäre zu stolz. Und natürlich war Noah es auch. Zusammen spülten sie die Gläser ab, die nicht in die Spülmaschine durften.
Langsam, langsam ließ Noah ein Glas nach dem anderen in das Spülbecken gleiten. Dort traf es auf Evs Hände, und aus Vorsicht hielt Noah das Glas einen Moment fest. Dabei berührte seine Hand Evs Finger – ein tolles Gefühl, fand sie. Es hätte endlos so weiter gehen können.
Doch viel zu früh wurde die Küchentür aufgerissen.
Papa.
Seine Haare standen wirr in die Höhe; es dauerte eine Weile, bis seine Augen fokussierten. „Oh", er blinzelte. Offensichtlich hatte er sie nicht erwartet.
„Ich ... es gibt einen Notfall. Nein, nicht im Krankenhaus. Bei ... ehm ... bei Imke. Lasst euch nicht stören."
Er schob die Küchentür leise zu.
Noahs Finger umschlossen fest Evs Hände: „Wer ist Imke?"
Sie wusste es nicht. Aber sie hatte eine Ahnung: „Vielleicht seine Freundin ... seine Geliebte?"
Noah zog sie näher. Ihr Kopf ruhte unter seinem Kinn, und mehrere Sekunden hatte sie das Gefühl, eins mit ihm zu sein; sein Herzschlag war ihr Herzschlag.
Das fühlte sich schön an. Sehr schön. Aber es half nicht weiter.

Sie machte sich frei. „Wir müssen sie finden. Mama. Und NaNe und Nahi. Vorher werde ich nicht glücklich."
Noah nickte.

***

Ev wälzte sich im Bett. War ihre Aussage richtig? Dass sie nicht glücklich wäre, bevor Mama, NaNe und Nahi gefunden waren?
Hatte sie Noah vor den Kopf gestoßen? Nein, Noah hatte zugestimmt. Trotzdem – war ihre Aussage richtig?
Noch wollte sie daran glauben. Aber dann musste jetzt schnell etwas passieren. SCHNELL!!

***

Auch Tobi konnte nicht schlafen. Wieder und wieder ging er seine letzten Stunden mit Nahi durch. Hatte sie irgendein Zeichen gegeben, dass sie verschwinden würde? Nein!
Es sei denn – sie war noch zärtlicher als gewöhnlich gewesen. Sie war es, die ihn auf den Mund geküsst hatte. Intensiv. Ihre Zunge hatte seine gesucht.
Noch immer spürte er dieses einzigartige Gefühl. Natürlich hatte er sofort zurückgeküsst. Leidenschaftlich. Seine Hände hatten die Kontrolle verloren und ihren Körper gestreichelt. Sie hatte sich eng an ihn geschmiegt, und erst als er … erst als seine Hände ihre Brust erreichten, hatte sie ihn von sich geschoben.
Sanft. Nicht empört. Eher bedauernd.
War das der Abschied, dachte Tobi? Hat sie auf diese Weise von mir Abschied genommen?
Aber warum?

***

154

Daniel stellte den Fernseher aus. Wiederholt hatte er sich durch alle Programme gezappt – ohne Ergebnis. Er hatte keine Antwort auf seine Fragen erhalten. Wieso sollte er auch?

Also Analyse. Die wichtigste Frage: Wieso wusste nur er, niemand sonst, dass NaNe nicht nach Griechenland geflogen war?

Sefi.

Er hatte gesagt, er wisse es von Sefi. Ja, das stimmte.

Aber was genau war passiert?

Sefi hatte ihn angerufen. „Lass uns paar Minuten vor Handballspiel treffen. Ich muss dir was geben."

Natürlich hatten sie sich vor dem Spiel getroffen. Sefi hatte ihm einen USB-Stick zugesteckt. „Von Nahi, nein, ich denke: eigentlich von NaNe. Dein Film. Dein Film ist gut, sagt NaNe. Sie fährt jetzt zu Oma nach Ostfriesland. Nahi hat deshalb Stick."

Sefi hatte sich verschwörerisch umgesehen. „Aber Nahi muss jetzt auch weg. Zu Tante. Ich soll dir Stick geben."

Sefi hatte einen Moment intensiv nachgedacht: „Nahi sagt: Daniel soll Video öffn …nein, ver …. veröffentlichen. Wenn Zeit dafür da ist."

Möglicherweise war jetzt die Zeit da. Aber wo war der Stick?

Zum wiederholten Mal durchsuchte er seine Kleidung. Nichts.

***

Ev träumte schlecht, und irgendwann wachte sie schweißgebadet auf.

Nahis Augen hatten sie angefunkelt: „Achte auf Tobi!"

Gleichzeitig hatten Tobis Hände Nahis Körper gestreichelt. Dann hatte sich sein Gesicht verzerrt: „Sie hat mir nichts vom Weggehen gesagt!"

Noch etwas umnebelt von Schlaf, setzte sie sich auf. Irgendetwas passte nicht. Geistesabwesend trank sie einen Schluck Wasser. Was ergab keinen Sinn?

Als sie das Glas Wasser ausgetrunken hatte, kam ihr die Erleuchtung: *Bei ihrem letzten Überraschungsbesuch hat mir Nahi gesagt, dass ich auf Tobi aufpassen soll. Warum? Weil sie ohne ihn abhauen wollte? Aber - Aber danach hat sie sich mit Tobi in Stuttgart getroffen. Ihm hat sie nichts von ihren Plänen erzählt. Warum nicht? Wahrscheinlich, um ihn nicht zu beunruhigen. Aber mich - mich, Ev - hat sie gegenüber Tobi in Verantwortung genommen.*

Also wusste Nahi schon zu Beginn der Osterferien, dass sie Tobi wehtun würde.

Durch Abhauen. Aber ihm hat sie nichts erzählt, obwohl sie sich mehrfach getroffen haben.

Doch mir hat sie vorher gesagt, dass ich versuchen sollte, Tobi dann zu helfen.

Natürlich helfe ich. Geschenkt. Mach ich - klar.

Aber wie fies ist das denn gegenüber Tobi??? Sie weiß, dass sie abhauen wird, aber sie sagt ihm nichts!!!

21 Etwas Licht

Dass Ev schlecht schlief, war nichts Neues. Wann hatte sie in den letzten Wochen gut geschlafen?

Immerhin fühlte sie sich nun wohler, wenn ihr Vater im Haus war. Leider viel zu selten. Und noch war nicht besprochen, was zwischen ihnen stand.

Irgendwann - ihr Wecker zeigte 3.11 Uhr – piepte ihr Handy. Sofort war sie hellwach.

Nette Nachricht. Opa Manfred und Opa Klaus schickten ihr ein Foto. Von der Burg. Granada. Mit der Unterschrift: „Die Utopie des Mittelalters. Warum können wir sie nicht Realität werden lassen?"

Sie seufzte. Nicht schon wieder! Wieso fand die Generation der Großeltern, dass das mittelalterliche Granada auch für die heutige Jugend eine interessante Utopie war?

Der Unterschied zu anderen Fotos war: Es war ein Selfie! Manfred und Klaus selbst standen direkt vor der Burg und lächelten sich an. Etwas verzerrt, aber fröhlich und zuversichtlich. Das gefiel Ev.

Bei Gelegenheit, so beschloss sie, würde sie über Granada forschen. Vielleicht ein Projekt mit Noah? Schließlich hatte Noah ihr schon mehrfach seinen Wunsch mitgeteilt, ein Schuljahr im europäischen Ausland verbringen zu können. Hoffentlich mit einem Stipendium. Also: Warum nicht Spanien? Warum nicht mit Granada anfangen? Wäre das nicht ein tolles gemeinsames fächerübergreifendes Projekt in Geografie und Geschichte?

Ihr Herz hüpfte bei dem Gedanken.

***

Auch Tobis Oma schickte eine neue WhatsApp. „Werden übermorgen weiter fahren. Alles gut hier soweit. Haben nette alte Bekannte getroffen; sie könnten hilfreich sein. Was ist mit dem Video? Daniel soll es schnell veröffentlichen."

***

Tobi stellte sich den Wecker auf 7.00 Uhr. Trotz Ferien. Spätestens um 8.00 Uhr würde er dann bei Daniel sein, der offenbar ein wichtiges Video besaß.
Er traf bereits um 7.55 Uhr auf ihn. Seltsamerweise schlich der schlich mit Schuhen in der Hand durchs Treppenhaus. Als Tobi ihn anrief, setzte sich Daniel erschrocken auf die oberste Treppenstufe.
„Was willst du? So früh?"
„Das Video. Was ist damit? Warum veröffentlichst du es nicht?"
Daniel entschloss sich, auf Zeit zu spielen. „Welches Video?"
Tobi ließ sich nicht einschüchtern, obwohl er wusste, dass er nur eine Vermutung äußerte: „Das Video, das erklärt, warum Nahi und NaNe abgehauen sind. Wo ist es? Wir müssen es veröffentlichen! Schnell!"
Bingo! Offensichtlich ein Volltreffer!
Seufzend gestand Daniel ein, dass er den Stick nicht finden konnte. „Ich habe ihn NaNe gegeben, damit sie Kommentare einfügen kann. Das hat sie vermutlich gemacht. Und Sefi hat mir den Stick zurück gebracht - weil Nahi das so wollte."
Der Stich saß.
Warum hatte Nahi, seine Nahi, nicht veranlasst, dass Sefi den Stick an Tobi gab? Um ihre Beziehung geheim zu hal-

ten? Oder: weil sie Tobi nicht zutraute, das Richtige mit dem Video zu tun?

„Hör zu", sagte Daniel störrisch, „ es ist mein Video. Ich habe es gedreht. Ich kann damit machen, was ich will."

„Sicher", Tobis Stimme klang gedehnt.

Erinnerungen und Wörter wirbelten wie kleine Schneeflocken durch sein Gehirn. Ausländerbehörde. Einfach unmögliches Verhalten. Aber Daniel… Daniel hat eine gute Idee.

NaNe. Ja, das waren NaNes Worte. Als sie noch zusammen zu Nahis-Rettungsgruppe gehörten.

In seinem Kopf machte es Klick.

„Na klar!" Tobis Worte überstürzten sich nun. „Natürlich ist es dein Video. Aber du hast es zusammen mit NaNe und Nahi gedreht, um etwas zu demonstrieren. Um vielen Menschen irgendwas Wichtiges zu zeigen. Und jetzt ist die Zeit dafür da. Du musst es veröffentlichen."

Als Daniel unglücklich in sich zusammensackte, schob Tobi nach: „Jedenfalls, wenn du NaNe bald wiedersehen willst."

Das half. Daniel gestand, dass er nicht mehr wusste, wo das Video war. Beide überlegten fieberhaft.

***

Eine halbe Stunde später fanden sie sich in der Jungen-Umkleidekabine des Handballvereins wieder. Sie war relativ leer, denn es war früh.

Daniel durchsuchte alle offenen Fächer – nichts. Tobi starrte von unterschiedlichen Stellen aus auf den Fußboden und leuchtete mit seiner Handy-Taschenlampe unter die Bänke. Ebenfalls nichts.

Wie sollte es auch? Wahrscheinlich hatten die Putzleute zwischenzeitlich schon mehrfach sauber gemacht und einen kleinen Stick mit dem übrigen Müll entsorgt.

Als Tobi sich entschloss, auf die Bänke zu steigen und oben auf die Schließfächer zu schauen, fühlte er Blicke auf sich. Unangenehme. Er drehte sich um und sah in die gerunzelten Gesichter von drei Jungen mit dunkelblonden Haaren. Offensichtlich Brüder. Altmodisch gekleidet - Stoffhosen und Hemden. Es fehlten nur noch die Krawatten.

„Was machst du da?"

„Seht ihr doch, ich suche etwas." Tobi entschied, sich nicht einschüchtern zu lassen, vor allem nicht von Jungen aus dem vorletzten Jahrhundert.

Da sich auch oben auf den Schließfächern kein Stick befand, kletterte er von der Bank herunter. Daniel kam gerade aus der Duschkabine. Er hielt einen grauen Sweater mit Kapuze in der Hand, den er abwechselnd mit der anderen Hand durchsuchte oder schüttelte.

„Hier – mein Sweater. Ich hab ihn damals vergessen. Er hing in der Dusche. Da hab ich ihn nie im Leben hingebracht. Irgendjemand muss …"

Abrupt stoppte er, als er das Grinsen der drei Brüder bemerkte.

„Oh hallo, August, Emil und Karl", sagte Daniel sehr zeremoniell, starrte aber dabei mit weit geöffneten Augen Tobi an. Was sollte das? Wollte Daniel ihm eine Botschaft übermitteln? Aber welche? Dass die drei aus einer rückständigen Familie stammten? Das sah man doch schon an der Kleidung!

„Gott sei mit dir, Daniel", antwortete der Älteste altertümlich, „ das Kleidungsstück gehört also dir. Offenbar vermisst du etwas."

„Öh, äh…" Daniels Gedanken schienen zu rasen. „Vermissen – ja, hm - nein, was sollte ich denn vermis…".
Seine Stimme endete mit einem halben Fragezeichen.
Tobi beobachtete ihn fasziniert. Was ging hier vor?
Daniel vermied nun bewusst den Blickkontakt zu ihm, dann gab er sich einen Ruck und sagte leichthin:
„Na klar. Ich habe meinen Sweater gesucht. Ich hätte nie gedacht, dass ich ihn in die Dusche gehängt hätte."
Er winkte Tobi, dass er zum Ausgang vorgehen sollte. Als er sah, dass Tobi sein Zeichen verstanden hatte, wandte er sich an die Jungen: „Aber nun ist alles okay. Tschüss ihr drei!"
Tobi bemerkte eine Anspannung zwischen den Brüdern und drückte sicherheitshalber schon die Türklinke zum Ausgang. Daniel folgte ihm offensichtlich unbesorgt.
„Nein!" Augusts Ausruf erforderte einen Stopp.
„Hmm? Was ist?" Die Diskrepanz zwischen der unbekümmerten Stimme Daniels und den Schweißtropfen auf seiner Stirn hätte nicht größer sein können, und Tobi spürte, wie sich sein eigener Körper in Alarmbereitschaft zusammenzog.
„Vermisst du nicht noch mehr?" August griff in seine Hosentasche. Daniels scharfer Blick folgte Augusts Hand, aber er sagte locker: „ Nöö. Ich habe alles. Everything okay. Bye!"
Er schob Tobi zum Ausgang, aber drückte seine Schultern warnend.
Die jüngeren Brüder murrten bei den englischen Worten: „Sprich deutsch!"
Alles zusammen provozierte August so, dass er schnell seine linke Hand aus der Hosentasche zog. Zwischen Mittelfinger und Daumen präsentierte er einen silbernen Gegenstand. Einen Stick!

Tobis Sinne waren nun auf Hundertachtzig. Deshalb konnte er in den nächsten Sekunden sofort reagieren. Daniel bemerkte anscheinend völlig uninteressiert:„ Na und? Was soll das sein?"

Gleichzeitig setzte der Handballer in ihm zu einem Überraschungsangriff an: Er rannte auf August zu, rammte sein Bein unter dessen Hand und fing den entfliehenden Stick auf. Ein geübter Wurf spielte ihn in Tobis Richtung, der ihn fassen konnte und sofort nach draußen stürmte. Keinen Blick warf er hinter sich, sondern schwang sich sofort auf sein Fahrrad und raste zu Ev.

***

Es dauerte eine Weile, bis diese den Stick in ihrem Laptop öffnete.

Erstens schlief sie noch, als Tobi klingelte.

Dann bestand sie darauf, Noah sowie Elisa und Tom zu informieren. „Das ist wichtig. Elisa und Tom können *publicity*. Und Noah kann unheimlich gut analysieren. Er wird dann den Grund herausfinden, warum deine Oma meint, dass wir das Video veröffentlichen sollen."

Ihre Stimme tröpfelte aus.

„Ey", sie klang leise und nachdenklich, als sie mit ihren Gedanken fortfuhr. „Ey, Tobi. Woher weiß deine Oma eigentlich von dem Video?"

Tobi fühlte, wie ein Schock durch seinen Körper raste. Ein angenehmer Schock. *Passkontrolle … die anderen Damen … Video veröffentlichen …*

Er konnte nicht weiter denken.

Noah hatte offensichtlich in null Komma nichts die Entfernung überwunden und klingelte fröhlich lächelnd. Irgendwie hatte Ev dann nichts anderes im Sinn, als ihn zum Frühstück einzuladen („dich natürlich auch, Tobi"), und die beiden bereiteten unter angenehmen Flüstertönen das Frühstück vor, während Tobi alle seine Mails und WhatsApps und short messages durchging. Gab es geheime Hinweise darauf, wo Nahi und NaNe nun waren oder was sie gerade taten?

Dann erschien Daniel. Er hatte Schrammen und blaue Flecken im Gesicht, wahrscheinlich auch am Körper, aber die zeigte er nicht. Er trank Unmengen Saft und verschlang drei Brötchen. Erst danach redete er.

Ja, natürlich kannte er die drei Brüder. Sie waren Mitglied in seinem Handballverein. August spielte in derselben Gruppe wie er und Sefi. Eigentlich war er nicht unnett. Und auch nicht unsympathisch. Vielleicht ein bisschen komisch. Sowieso. Wie alle Prepper.

„Wie alle – was?"

Noah erklärte. Er klang wie Wikipedia höchstpersönlich: „Prepper kommt aus dem Englischen. Von: *to be prepared*. Steht für *bereit sein*. Damit bezeichnet man Personen, die sich durch unterschiedliche Maßnahmen auf Katastrophen vorbereiten: durch Einlagerung von Lebensmittelvorräten, durch die Errichtung von Schutzbauten oder durch Schutzkleidung, Werkzeug, Funkgeräte, Waffen usw. ."

„Waffen, wieso Waffen? Was haben Waffen denn mit dem Verschwinden von Nahi und NaNe zu tun?" Ev war verwundert.

„Und ich bin sicher, dass Nahi nichts mit Preppern zu tun hatte; ja, sie kannte sie gar nicht." Tobi klang entschieden.

Daniel seufzte. „Nee, natürlich nicht. Die beiden Mädchen hatten nichts damit zu tun. Aber … "

Offensichtlich gab es ein Aber.

Auf Noahs sanftes „Aber was?" erklärte Daniel, dass er auch nichts Genaues wusste. „Außer dass die drei Brüder außer sich waren. Falls wir das Video veröffentlichen, würden sie sich die Verunglimpfung der Prepper nicht gefallen lassen. Ich soll mich entscheiden. Entweder ständiges „Unheil" (was auch immer das ist) oder Nicht-veröffentlichung des Videos. Sie hoffen auf Letzteres. Und haben mich dafür ein bisschen geboxt und über den Boden geschleift."

Sein Lächeln geriet schief, und alle dachten an die sichtbaren Spuren in seinem Gesicht und die nicht sichtbaren an seinem Körper.

„Nochmal", sagte Ev, „was haben denn die Prepper mit allem zu tun?"

Da niemand eine Antwort wusste, schauten sie sich das Video an, zusammen mit Elisa und Tom, die inzwischen erschienen waren und sich von den Resten des Frühstücks bedienten.

Lange Flure, herumeilende Füße. Dann ein Schwenk nach oben, langer Zoom auf ein Türschild: Ausländerbehörde. Frau Cösemann. Danach eine zarte Hand auf einem Türgriff, die sanft die Klinke herunterdrückte.

Tobi zog laut die Luft durch die Nase ein, sagte aber nichts.

Im Video kam ein Schreibtisch näher. Offensichtlich war dieser Film-Teil von einer anderen Kamera gedreht worden, aus einer seltsamen Perspektive. Hinter dem Schreibtisch sprang eine Frau auf:

„Ihr! Was wollt ihr schon wieder? Wenn überhaupt, spreche ich nur mit einer von euch!"

Direkt neben der Kamera ertönte laut NaNes Stimme:

„Entschuldigung, ich habe ein Vollmacht. Ich vertrete Herrn Hossaiyni."

Die Kamera schwenkte schwerfällig, als ob sich ein Kopf langsam drehen und dann neigen würde. Das Bild zeigte kurz NaNes Gesicht, dann ihre Hände. In der einen hielt sie ein Papier mit einem kurzen Text und Unterschrift, in der anderen ihren Ausweis.

Die Miene der Frau hinter dem Schreibtisch verdunkelte sich, als sie die Unterlagen kontrollierte.

„Nun ja. Jetzt grad auf die Schnelle find ich nichts Falsches. Tja. Schade. Nicht, dass ich dir glaube. Bloß nicht. Aber das ist dann eben mal so."

Sie überlegte einen Moment: „Also bleibst du hier. Aber du", ihr Finger deutete in Richtung Kamera, „du gehst raus."

Das Bild schwankte ein bisschen hin und her, wie ein Kopfschütteln.

„Nein. Ich habe auch eine Vollmacht. Von meiner Mutter. Meine Eltern sind beide eingeladen."

Nahi! Offensichtlich hatte Tobi laut gedacht, denn alle schauten ihn tadelnd an. „Shhhh! Ruhe!"

Das Gesicht der Schreibtisch-Frau lief rot an, als sie wieder Dokumente kontrollierte, denn offenbar konnte sie erneut nichts kritisieren. „Ich rede immer nur mit einer Person. Punkt. Eine von euch geht raus."

„Dann dürfen Sie nicht zwei einladen." NaNe klang klar und entschlossen. „Es geht hier um Herrn und Frau Hossaiyni, die beide von Ihnen eingeladen wurden und die wir vertreten."

„Und außerdem", Nahis Stimme hörte sich grimmig an, „außerdem sagen die Vorschriften, dass noch ein Dolmetscher zu so einem Gespräch gehört. Eigentlich müssten Sie mit drei Personen sprechen."

Drohend kam die Frau hinter dem Schreibtisch hervor. „Willst du mich beschuldigen, dass ich die Rechtsvorschriften nicht beachte?" Sie keifte fast.

„Nein, nur dass hier ein Fehler passiert ist." Die Kamera blickte direkt in das Gesicht der Frau.

Diese starrte zurück – ein bisschen in den unteren Rand der Kamera. Offenbar nahm sie eine gehörige Portion Widerstand wahr. Denn sie seufzte resignierend, setzte sie sich an ihren Schreibtisch, und ihre Finger hämmerten in die Tastatur ihres Computers.

„Nahis Kopftuch! Die Kamera steckt in Nahis Kopftuch! Irgendwo in der Höhe ihres rechten Auges, über dem Ohr."

„Sssshhhh!" Dieses Mal schreckte der Schweigeaufruf der anderen Tobi nicht. Nahi, seine Nahi, hatte der Ausländerbehörde getrotzt!

Er war stolz. Natürlich hatte er gewusst, dass sie ihren eigenen Weg ging. Aber nun war er sicher, dass es eine gehörige Portion Mut brauchte, wenn man sich nicht den Schikanen der Behörde beugen wollte.

Die Kamera wurde nach unten gezogen, und ein seitlicher Schwenk zeigten NaNes Hand und kurz ihre entschiedene Miene, als sie Nahis Schulter nach unten drückte.

„Wir setzen uns!"

„Dazu habe ich euch nicht eingeladen!" Eine schroffe Stimme und ein missbilligender Blick.

„Schade!" NaNes Sarkasmus war unüberhörbar. „Ich als Deutsche habe natürlich erwartet, dass sich unsere Behörde an ihr eigenes Leitbild hält. *Auf Augenhöhe. Weltoffen. Vorurteilsfrei. Respektvoll. Kundenorientiert.* - Sorry, Nahi, ich als Deutsche muss mich bei dir entschuldigen, dass unsere eigenen Beamten ihre Vorschriften nicht kennen."

Die Kamera senkte sich sanft, fixierte dann aber das Gegenüber. Vom Schreibtisch wurde ein tödlicher Blick abgeschossen.

NaNe ließ sich nicht einschüchtern. „Nun gut, vielleicht ist man ja intellektuell überfordert, sich ein Leitbild einzuprägen. Aber die deutsche Tugend der Höflichkeit müsste man genetisch im deutschen Blut eingeschweißt haben."

Noah neben Ev grinste breit, und Elisa und Tom prusteten los. *Das ist NaNe,* dachte Ev fast zärtlich, *schlagfertig und selbstbewusst. Einmalig.*

Als zarte Erschütterungen – wie ein unterdrücktes Kichern - das Bild zum Wackeln brachten, da endlich lächelte auch Tobi und seufzte erleichtert.

Die Frau am Computer schien nichts gehört zu haben, aber ihr Gesichtsausdruck wurde noch grimmiger als vorher. Plötzlich entspannte sie sich.

„Hier", ihre Stimme triumphierte, „hier sind all eure Verbrechen – äh… ", ihr Blick fixierte Nahi, „die Verstöße deiner Eltern aufgelistet: Verlassen des Wohnortes ohne Erlaubnis. Zwei Tage Abwesenheit ohne Zustimmung des Jobcenters! Unerhört! Das führt zu einer Kürzung der monatlichen Sozialleistung. 150 Euro weniger – das veranlasse ich jetzt sofort!" Ihre Finger hämmerten heimtückisch in die Tastatur.

„Nein!" Die Kamera schwenkte energisch auf und ab. „Das können Sie nicht tun! Das ist ungerecht."

„Ungerecht? Nein, das ist das Gesetz!" Ein boshaftes Lächeln.

„Gesetz? Ich würde eher sagen: Gesetzesmissbrauch." Aus NaNes Stimme war Wut zu hören.

Ein kurzes Räuspern neben ihr ließ sie einlenken. „Zumindest Behördenversagen."

Wieder prustete Elisa los, und Tom kommentierte fröhlich: „Auch nicht viel besser!"

Das schien auch Frau Cösemann zu empfinden, denn sie stand so schnell auf, dass ihr Stuhl krachend umfiel. „Unverschämte Göre – raus mit dir!"

Die Kamera zeigte NaNes unerschütterliches Gesicht. „Ich glaube, eine Dienstaufsichtsbeschwerde würde nicht gut für Sie ausgehen."

Frau Cösemanns Mund stand verblüfft offen.

„Bitte, schauen Sie sich die Tatsachen an", Nahi versuchte eine sachliche Klärung. „Bisher hatten wir eine Duldung und gehörten deshalb in die Zuständigkeit der Ausländerbehörde. Aber seit 3 Monaten haben wir eine Aufenthaltsgenehmigung. Damit sind wir aus der Zuständig-

keit der Ausländerbehörde in die Zuständigkeit des Jobcenters gerutscht. Aber das hat das Jobcenter nicht gemerkt. Oder es wurde nicht informiert – genauso wenig
wie wir. Wie auch immer. Jedenfalls galten für uns die
Regeln der Ausländerbehörde weiter. Und nach denen
durften wir innerhalb von Deutschland reisen. Also wollten wir unsere Oma in Hamburg zu ihrem Geburtstag
besuchen und haben ein Familienticket bei der Bahn gebucht. Der Geburtstag war an einem Montag. Erst direkt
am Freitagmittag davor haben wir das Schreiben des Jobcenters bekommen, dass es nun zuständig ist und wir nur
noch nach Genehmigung des Jobcenters reisen können.
Wir haben sofort eine Email geschrieben und erklärt,
warum wir am Montag und Dienstag nicht hier sind."
Kurze Pause, dann fuhr Nahi leise fort: „Natürlich gab es
darauf keine Antwort, es war ja Wochenende. Aber meine Oma ist sehr krank. Vielleicht ist es ihr letzter Geburtstag …".
Nahis Stimme tröpfelte aus und Tobi seufzte.
„Du gibst es also zu!" Frau Cösemann keifte zufrieden.
„Ihr seid ohne die Zustimmung des Jobcenters gefahren!
Ohne Erlaubnis!"
„Meine Güte, wie uncool ist das denn?"
NaNe war nun echt aufgebracht. „Wenn die Familie von
einem Tag zum anderen erfährt, dass eine andere Behörde zuständig ist - nun gut. Vielleicht geht das nicht besser. Obwohl das nicht zur viel beschworenen deutschen
Effektivität passt. Schwamm drüber. Aber es muss eine
Zeitspanne geben, in der sich die Familie auf die verän-
derten Bestimmungen einstellen kann. Sie hatte ja noch
nicht mal die Möglichkeit, so kurzfristig um Urlaub zu
bitten!"

„Ihr habt die Vorschriften nicht eingehalten!" Boshaft fixierte Frau Cösemanns Blick Nahi, und ihre Stimme verspritzte Gift. „Und Vorschrift ist Vorschrift! Das werdet ihr büßen!"

„Bitte, ich bitte Sie inständig", Nahis Stimme klang klein und demütig. „Meine Eltern haben viel Stress. Das neue Baby. Die schlimme Krankheit meiner Oma. Mein Unfall. Bitte. Bitte seien Sie nachsichtig. Vielleicht haben wir einen Fehler gemacht. Aber es ist ja nichts passiert. Wir haben keinen Termin beim Jobcenter versäumt."

„Nein, aber ihr hättet trotzdem nicht fahren dürfen! Vorschrift ist Vorschrift!" Hinter dem Schreibtisch sah man zum Bollwerk verschränkte Arme, ein hochgerecktes Kinn und sehr kalte Augen.

Plötzlich ging ein Ruck durch das Bild, als offensichtlich NaNe ihre Freundin vom Sitz hochriss.

„Komm, lass uns gehen. Bürokratenscheiß. Korinthenkackerei. Es hat keinen Zweck."

NaNes zornrotes Gesicht tauchte im Video auf, dann ihre Figur, die sich energisch der Tür näherte. Ein abrupter Halt. Sie drehte sich um: „Glauben Sie nur nicht, dass Sie damit durchkommen! Wir machen eine Dienstaufsichtsbeschwerde!"

Knall. Die Tür fiel ins Schloss.

Der Rest wurde wieder von der Kamera außen gefilmt: Wie NaNe wutschnaubend aus dem Zimmer trat, kurz hinter ihr erschien eine sorgenvolle Nahi. Dann wurde die Tür aufgerissen. Breit und mächtig schrie Frau Cösemann hinter den beiden Mädchen her: „Untersteht euch! Wenn ihr das tut, bekommt ihr gar kein Geld mehr! Und ausweisen kann ich dich auch!"

Schluss.

„Wow!" Das war Tobi. „Starkes Video. Und nun?"

„Und nun? Das ist doch ganz klar. Der Film wird veröffentlicht!" Daniels Stimme klang fest.

„Sicher?" Ev schaute ihn fragend an, und ihr Blick blieb
an seinen Wunden im Gesicht haften. Tobi atmete tief
durch, und Noah runzelte die Stirn. Ratlosigkeit in Elisas
Augen. Da griff Tom ein:

„Ehm, ehm, ich denke …, hm, Elisa und ich müssen gerade mal auf den Flur." Ohne eine Antwort abzuwarten,
zog Tom seine Freundin hinter sich her.

Was wollten sie? Fast neidisch blickte ihnen Ev nach.
Wollten sie einfach nur eine Runde küssen? Unwillkürlich
streifte ihr Blick Noahs Mund.

Der schluckte zweimal und sagte dann: „Der Film ist sehr
aufschlussreich. Er zeigt deutlich, wie unsozial und auto-
ritär unsere Behörden sein können. Aber … aber: Erklärt
das, warum NaNe und Nahi verschwunden sind?"

Natürlich nicht. Darin waren sich alle einig. Den Kampf
gegen die Behörden könnten sie besser von zu Hause aus
führen. Warum also waren sie abgehauen?

Tom und Elisa erschienen wieder.

„Meine Dame, meine Herren! Wir haben eine Idee. Nein,
Tom hat die Idee. Aber ich finde sie gut." Aha. Wie immer
überließ Tom seiner Freundin die Kommunikation.

„Auf keinen Fall darf Daniel das Video veröffentlichen."
Abwehrend schüttelte Daniel den Kopf.

„Hör zu. Nein, Daniel, du bist zu sehr im Visier der Prepper. Was die mit dem Video zu tun haben, wissen wir
noch nicht. Aber sie haben dich bedroht."

Alle nickten.

„Also", fuhr Elisa fort, „muss jemand anderes die Veröffentlichung machen. Tobi und Ev kommen nicht in Frage.
Sie sind zu nah dran an Nahi und NaNe. Sie kommen zu

schnell in Verdacht. Deshalb hat die Tom die Idee …". Sie nickte ihrem Freund aufmunternd zu.

„Elisa und ich werden das Video veröffentlichen. Nicht privat. Vom Schulaccount. Von ´Bloggen for Nature´. Dann kann man den Urheber nicht so schnell persönlich herausfinden und mobben."

„Wieso persönlich mobben…?"

Aber Tobis Einwand tröpfelte aus, als Noah knapp auf Daniel zeigte: „Du siehst doch, es geht um mehr als mobben. Es geht um echte körperliche Einschüchterung. Mit Gewalt. Die Frage ist nur: Warum?"

Ja, warum, warum?

Es gab einfach zu viele Warums.

Sie beschlossen, arbeitsteilig vorzugehen.

Elisa und Tom würden das Video veröffentlichen.

Tobi sollte herausfinden, wieso seine Oma aus der Ferne Anweisungen zum Video gab. Und Ev und Noah wollten versuchen, die Motive für NaNes und Nahis Verschwinden zu ergründen. Daniel würde über Sefi den Kontakt zu Nahis Familie halten.

Schnell verteilten sie die Aufgaben; dann trennten sie sich.

Plötzlich saß Tobias aufrecht im Bett.

Irgendetwas stimmte nicht.

Was?

Seine Augen sahen nichts.

Er fuhr seine Ohren aus. Unklare Geräusche aus Mamas Arbeitszimmer. Er lauschte genauer. Offenbar Musik.

Also schrieb Mama an einem Artikel. Einem schwierigen. Denn die Musik erklang sanft.

„Das brauche ich einfach, Tobi. Ich kann zu einem schrecklichen Thema nur leise Musik gebrauchen. Sonst drehe ich durch. Die Musik muss mich beruhigen."

Tobias seufzte. Dann tastete er sich langsam in die Küche. Mit geschlossenen Augen zapfte er sich ein Glas Wasser und kehrte schlaftrunken zu seinem Bett zurück.

„Love me tender, love me sweet!" Elvis. Aus Mamas Arbeitszimmer.

Entsetzt schüttelte Tobi sich. Vermutlich schrieb Mama an einem aufrüttelnden Artikel über misshandelte Frauen.

Schlimm.

Auf der Bettkante schlürfte er langsam das Wasser in sich hinein. Was war passiert?

Er war aufgewacht durch einen Schrei.

Durch Nahis Schrei.

So stimmte es nicht.

Nahi hatte nicht einfach geschrien. Mehr. Sie hatte ihn angeschrien.

Vorsichtig versuchte er sich der Situation zu nähern.

Es hatte einen Streit gegeben zwischen Nahi und ihm.

„Du verstehst mich nicht!", hatte sie ihm vorgeworfen.

„Der Flughafen! Das war schrecklich! Warum willst du das nicht kapieren?"

Natürlich wollte er alles kapieren. Aber was? Was meint Nahi?

Er durchforstete seine Erinnerungen. Flughafen Frankfurt. Was hatte Nahi ihm erzählt?

Eigentlich nichts. Jedenfalls nichts Konkretes. Nur, dass Schreckliches passiert war. Und irgendetwas mit Volljährigkeit.

Selbstverständlich war es eine völlig unangemessene Uhrzeit für einen Telefonanruf. Dennoch antwortete Ev. „Mama?"

Natürlich war er nicht Mama. Deshalb fühlte sich Tobias schuldig.

„Nein, nein. Hier Tobi. Sorry. Ich wollte nicht ... ich meine... sorry, wenn ich böse Geister geweckt habe."

Tiefes Atmen, aber keine Reaktion.

„Ev? Eva- Maria? Ev? Bist du dran?"

Er hörte ein Schlucken. Dann Evs Stimme – scheinbar normal: „Eh, ich hatte geträumt. Tobi? Bist du´s?"

Ja, er war es und entschuldigte sich nochmals. Aber Ev zeigte volles Verständnis. „Jeder hat seine Alpträume. Ich auch. Glücklicherweise hast du mich gerade aufgeweckt."

Er hörte ihren Seufzer der Erleichterung. Dann Evs Frage: „Und was war dein Alptraum, Tobi?"

Ohne zu zögern, berichtete er.

Dann fügte er hinzu: „Echt, leider. Ich weiß nicht, was am Flughafen mit Nahi passiert ist. Im Traum hat sie mich deshalb angeschrien. Aber ... ehrlich, jetzt, wo ich wach bin, immer noch null Ahnung."

Ev zog ihren Atem ein. Nach einer Weile sagte sie vorsichtig: „Genaues wissen wir auch nicht. Weder NaNe noch ich. Wir haben immer wieder versucht, mehr Infos von ihr zu bekommen. Aber sie hat abgeblockt. Wahrscheinlich ein Trauma."

„Aber wieso?"

„Was – wieso?" Ev klang aggressiv. „Einem Trauma kommst du nicht durch blöde Fragen auf die Spur."

Tobias nickte stumm in sein Handy.

Am anderen Ende der Leitung schnaufte Ev mehrfach, um sich zu mäßigen.

„Sorry, sie hat uns nicht viel erzählt. Aber sie muss Schlimmes erlebt haben. Was wir wissen: Sie kam ohne ihre Familie auf dem Frankfurter Flughafen an, aber mit einem entfernten Verwandten, der plötzlich verschwand. Mehrere Tage hat sie sich versteckt, bis irgendwann die Flughafenpolizei auf sie aufmerksam wurde. Sie wurde ins Flughafenasyl gebracht; dort wurde ihr Asylantrag entgegen genommen. Sie wurde danach ins Asylverfahren nach Gießen überwiesen."

Evs Stimme tröpfelte aus. Dann: „Es muss Untersuchungen gegeben haben. Ob sie nicht vielleicht doch volljährig ist. Offensichtlich ziemlich erniedrigend. Nahi hat immer gezittert und geweint, wenn sie darüber sprechen sollte. Sie konnte es einfach nicht. Schade."

Tobi spürte Evs hilfloses Kopfschütteln durch das Telefon. Doch sie fasste sich schnell und sagte: „ Irgendwie … irgendwie liegt der Schlüssel bei deiner Mutter, Tobi."

„Wie bitte?" Er war verblüfft.

„Ja", Ev klang zögerlich, sie musste sich konzentrieren. „Einmal hat Nahi uns einen Artikel gezeigt. Über Minderjährige im Flughafenasyl. *Stimmt alles,* hat sie gesagt. *Leider.* Mehr nicht. Wir konnten einfach nicht mehr aus ihr herauslocken. Aber NaNe und ich haben uns den Namen der Journalistin gemerkt. Deine Mama."

***

Das Arbeitszimmer war dunkel. Mama war schlafen gegangen.

Es war egal – jetzt konnte er sowieso nichts tun.

Er googelte: Flughafenasyl Frankfurt. Minderjährige.

Der Eintrag, auf den er sofort stieß, war alles andere als beruhigend:

Landtagsabgeordnete der Grünen hatten die Flughafenunterkunft besucht, nachdem die Frankfurter Rundschau den Fall einer 17-jährigen Hochschwangeren aus Kamerun publik gemacht hatte, die tagelang in der Unterkunft festgehalten worden war und noch am Tag ihrer Entbindung vom Bundesamt für Migration verhört werden sollte. Zwar gebe es kleine Verbesserungen, aber "wir haben feststellen müssen, dass der Gebäudekomplex den Charakter einer Haftanstalt besitzt", befanden die Politiker. "In einer solchen Einrichtung können Traumatisierte, Schwangere, Kinder oder Jugendliche nach humanitären Gesichtspunkten nicht adäquat untergebracht werden.

Wie lange war das her? Stimmte das alles jetzt noch? Und vor allem: Stimmte es für Nahi? Was hatte sie wirklich erlebt?

„Ich kriege es raus", schwor er, „du musst zurückkommen, Nahi. Wir alle wünschen es. Und ich - ich will es mehr als alle anderen!"

„Dieser alte Artikel? Warum interessiert dich dieser alte Artikel?"

Mama bediente die Kaffeemaschine und zeigte ihm nur ihren Rücken.

Bevor er antworten konnte, drehte sie sich abrupt um.

„Wegen des Kopftuchmädchens? Der Verschwundenen?"

Bevor er protestierten konnte, fühlte er sich in Mamas Armen.

„Tobi, Junge!" Sie zog ihn fester an sich heran. „Natürlich bist du kein Kind mehr. Du bist fast erwachsen und du musst deine eigenen Wege gehen. Ja, sorry, vielleicht hätte ich dich dabei mehr unterstützen müssen. Aber du kannst das. Du bist selbständig. Und du bist klug. Du hast doch nicht im Ernst geglaubt, dass ich „Kopftuchmädchen" abwertend meine?"

Eigentlich nicht. Aber vielleicht doch. Unschlüssig schüttelte Tobi seinen Kopf.

„Natürlich nicht. Ich habe unendlich viele kluge und aufgeschlossene Musliminnen getroffen! Die Frauen sind offener und pragmatischer als die Männer. *Kopftuchmädchen* ist bei mir immer ironisch gemeint! "

Mama klang überzeugend. Aber der Unterschied zwischen Männern und Frauen war jetzt nicht das Thema. Sondern das Flughafenasyl für Minderjährige. Darauf wies er sie hin.

Mama schluckte. Vor Wut.

„Ja. Aber das ist kein gutes Kapitel für uns Deutsche. Im Gegenteil. Offensichtlich geht es nicht um den Schutz von Minderjährigen. Sondern darum, dem deutschen Staat Kosten zu ersparen, indem man möglichst viele Volljährige produziert. Um die müssen wir uns nicht so intensiv kümmern. Das kostet weniger."

Tobis Gesicht zeigte viele Fragezeichen, und Mamas Gedanken schweiften offensichtlich ab. „Auch bei uns ist nicht jeder Heranwachsende körperlich gleich."

Sofort nickte Tobi, da er sich die Entwicklungsunterschiede der Jungen in seiner Klasse vor Augen führte.

„Eben." Mama fühlte sich bestätigt. „Aber im Flughafenasyl tun wir so, als ob jeder Mensch sich im gleichen

Tempo wie jeder andere entwickelt. Und dann hast du Menschen mit ganz anderen sozialen Erfahrungen... ." Mamas Blick verdüsterte sich. „Da kenne ich diesen eritreischen Jungen. In Äthiopien aufgewachsen. Mama stirbt, als er 14 ist. Kein Vater vorhanden. Kurz vor ihrem Tod sorgt Mama dafür, dass er durch die Beziehungen eines Freundes nach Deutschland ausreisen kann. Nach der Ankunft in Frankfurt lässt ihn der Begleiter im Stich. Er war nur ein Schlepper, aber das wusste der Junge nicht. Er irrt im Flughafen herum, bis er von der Flughafenpolizei aufgegriffen wird. Dann folgen Untersuchungen durch das Frankfurter Jugendamt. Nein, der Junge sei viel älter als seine Papiere ausweisen. Er sei viel reifer als deutsche Jungen in seinem Alter."

Mamas Zeigefinger klopfte mehrfach gegen ihren Kopf.

„Natürlich. Wer allein mit seiner Mutter von Geburt an ums Überleben kämpfen muss, ist natürlich reifer als deutsche Jungen in seinem Alter. - Sorry, Tobi."

Sie hatte keinen Grund sich zu entschuldigen, fand Tobi. Natürlich war eine eritreisch-äthiopische Kindheit in Armut nicht mit seiner eigenen zu vergleichen.

Dennoch. Das erklärte noch nicht ...

„Okay", sagte er gedehnt. „Ich verstehe. Aber die deutschen Behörden sind verpflichtet zu überprüfen, ob jemand minderjährig ist oder nicht. Das ist doch normal. Also: Was ist das Problem?"

Mit einem Knall setzte Mama zwei Kaffeetassen ab.

„Das Problem ist, *wie* sie es tun."

Starke Betonung auf *wie*. Sie beäugte ihn scharf. „Ganzkörperabtastung. Besonderer Schwerpunkt Genitalbereich. Bei Mädchen zusätzlich Brust. Körperhaare bei allen."

Sie stoppte unvermittelt und sah ihren Sohn an. „Wie würdest du das finden?"

Verstört schüttelte Tobi den Kopf. Nicht aushaltbar. Eigentlich unvorstellbar.

Seine Phantasie erweiterte seinen letzten Italienurlaub mit Mama und Oma um eine Episode. Er würde separiert. Er müsste sein Alter angeben. Man würde ihm seine Angaben nicht glauben. Fremde Hände würden in seinem Intimbereich herumtasten ...

Unmöglich.

Ekelig.

„Ehrlich", er flüsterte, „ich kann es mir nicht vorstellen."

„Das", sagte die kühle Stimme seiner Mutter, „ können Flüchtlinge auch nicht. Umso schlimmer trifft es sie."

***

Auch Ev konnte es sich nicht vorstellen. „Jedenfalls eigentlich nicht hier in Deutschland."

Dann dachte sie einen Moment nach. „Aber Nahi konnte uns nichts erzählen. Sie war völlig von der Rolle, wenn sie an das Flughafenverfahren dachte. Fachbegriff : traumatisiert."

Eigentlich fand Ev ihre eigene Analyse gut. Doch was half es? Sie mussten weiterkommen, damit Nahi und NaNe zurückkehren konnten. Aber: Wie?

„Angenommen", Evs Stimme klang zögerlich, „angenommen, im Flughafenasyl hätte man festgestellt, dass Nahi schon oder bald volljährig wäre."

Sie unterließ den Zusatz „wie auch immer festgestellt", weil sie wusste, dass dies nur ungute Gedanken wecken würde - bei ihr selbst wie auch bei Tobi.

„Also: Wenn man im Flughafenasyl Nahi um ein oder zwei Jahre älter gemacht hätte – dann wäre sie schon jetzt oder zumindest bald volljährig. Dann könnte sie sofort auch ohne ihre Familie ausgewiesen werden. Wie Frau Cösemann es gesagt hat."

„Du meinst … deswegen sind die beiden abgehauen? Aus Angst, dass Nahi ohne ihre Familie einfach abgeschoben wird? Zurück nach Afghanistan? Allein?"

Entsetzt sahen sich die beiden an.

Erst neulich hatten sie auf dem Schulhof Bruchstücke der aufgeregten Diskussion von Zwölftklässlern mitbekommen. „Nacht- und Nebelaktion! Die Polizei hat ihn aus dem Bett geholt. Und sofort in Abschiebehaft gesteckt."

Natürlich hatten sie später die Petition gegen die Abschiebung unterschrieben.

Alle. Auch NaNe und Nahi.

„Das heißt", Ev bemühte sich, ihre Stimme rein sachlich klingen zu lassen, „das heißt, sie wussten, dass so etwas passieren kann. Und NaNe würde ihre Freundin nie kampflos abschieben lassen!"

Dass Elisa und Tom das Video so schnell veröffentlichen würden, hätte Ev nie für möglich erhalten.

Doch sie erhielt die ersten lobenden und neugierigen Anrufe schon eine Stunde nach Unterrichtsschluss; fast alle Mitglieder von S4N wollten die Bestätigung, dass es sich um NaNe und Nahi handelte.

Ja klar. Natürlich.

Wie mutig von den beiden! Sind sie deshalb abgehauen? Was passiert nun? Können wir helfen? Haben sie die hinterhältige Sachbearbeiterin angezeigt? Super, dass „Bloggen für Nature" jetzt „Bloggen für Nahi und NaNe" ist. Also: Bloggen für N. Das ist jetzt wichtig. Ruf uns an, wenn wir was machen können.

Immer wieder hörte Ev solche Kommentare und sie ertappte sich, wie sie fröhlich vor sich hin summte. Da hatten Tom und Elisa doch eine richtig gute Idee gehabt mit *Bloggen für N.* ! Aber sie hatte keine Zeit, diesen kleinen Triumph zu genießen. Irgendetwas bohrte in ihr.

Was?

Sie knallte ihr Matheheft auf den Schreibtisch und holte sich Saft aus dem Kühlschrank. In Gedanken versunken stand sie am Fenster, aber nahm nichts wahr. Sie horchte nach innen.

Ja, das Video deckte erfolgreich das Fehlverhalten einer Sachbearbeiterin in der Ausländerbehörde auf. Es zeigte, wie Schikanen funktionierten. Aber Noah hatte recht: Das wäre eigentlich kein Grund, warum NaNe und Nahi verschwinden mussten. Es sei denn …

Es sei denn, Nahi könnte wirklich abgeschoben werden.

Natürlich hätte nicht nur NaNe dagegen gekämpft. Sie alle hätten es getan und wären gemeinsam viel stärker gewesen als zwei Mädchen auf der Flucht.

Also auch kein zwingender Grund.

Warum also dann?

Vielleicht wurden die beiden verfolgt? Von den Preppern oder anderen Ausländerfeinden. Aber warum sollte so etwas passiert sein? Die zwei Freundinnen waren abgehauen, bevor das Video veröffentlicht wurde. Daniels Bedroher dagegen kannten den Film und deshalb hatten sie Daniel vorsorglich verprügelt, um ihn einzuschüchtern. Er sollte die Geschehnisse in Ausländerbehörde nicht publik machen. Außerdem waren die Brüder stinksauer, weil er ihnen den Stick abgenommen hatte. Sie wollten Rache.

Das alles traf auf die beiden Freundinnen nicht zu. Trotzdem schien das Video irgendetwas mit ihrem Verschwinden zu tun zu haben. Sonst hätte Tobis Oma ja nicht mehrfach auf das Video hingewiesen.

Ein Gedankenblitz durchzuckte sie plötzlich, und sie verschluckte sich.

Überhaupt: Wieso weiß Brigitte, dass dieses Video existiert? Tobi hatte keinen blassen Schimmer. Ich auch nicht. Obwohl wir zum Nahi-Rettungsteam gehören. Also: Woher kennt Tobis Oma das Video? Von Daniel? Nein, die beiden hatten keinen Kontakt!!

Ihre Gedanken eilten zurück.

„Ey, Tobi. Woher weiß deine Oma eigentlich von dem Video?" Er hatte nicht geantwortet. Aber man konnte förmlich spüren, wie sich in seinem Gehirn verschiedene Schaltstellen vernetzten. Erinnerung - klick - noch eine Erinnerung - klick - eine weitere Erinnerung – ungläubiges Staunen. Konnte das wirklich so sein?

Was war in seinem Kopf abgelaufen? Sie wollte es wissen und wählte Tobis Nummer.
Leider antworte der nicht.

***

Eigentlich interessierte Tobi die ihm zugeteilte Aufgabe nicht. Oder jedenfalls nicht so sehr.
Warum sich seine Oma aus der Ferne einmischte, war eigentlich klar: Weil sie immer ihre Nase in anderer Leute Angelegenheiten steckte oder - wie sie selbst es höflicher ausdrückte - die Flöhe husten hörte.
Viel dringender war: Was war später passiert, nach dem Gespräch in der Ausländerbehörde? Hatte Frau Cöse-mann wirklich die Gelder für Nahis Familie gekürzt?
Da er selbst keine Verbindung zu den Hossaiynis hatte, musste er entweder Ev oder Daniel einschalten. Er ent-schied sich gegen Ev. Sie hatte genug um die Ohren we-gen ihrer fehlenden Mutter. Also Daniel.
Doch bevor er losfuhr, rief er kurz einen Kollegen seiner Mama an, der bei der örtlichen Zeitung arbeitete. Es konnte ja nicht schaden, auch die Presse einzuschalten, falls sie interessiert war. Mamas Kollege hörte sich die Story an, ließ sich den Link zu „Blogging for N." geben und schien außerordentlich interessiert.

***

Etwa 100 Meter vor Daniels Wohnung stieg er ab. Irgendetwas war komisch. Während er sein Rad langsam schob, versuchte er herauszufinden, was ihn irritierte.
Drei Jugendliche rannten, schlichen oder gingen schein-bar unauffällig zwischen den Wohnhäusern hin und her, die sich im Umkreis von Daniels Zuhause befanden. Sie

schauten auf die Klingel- oder Briefkastenschilder, zuckten die Schultern und nahmen sich die nächsten Häuser vor.

Warum? Ein dunkles Netz legte sich um Tobis Herz, denn er kannte die Jugendlichen: August, Emil und Karl. Vorsichtig schob er sein Rad in einen Hauseingang und versuchte Daniel anzurufen. Leider keine Reaktion. Also schickte er eine Message: „Achtung! August und Brüder suchen dich. Sind direkt in deiner Nähe."

Gerade als er wieder in die Straße einbog, hörte er Laufgeräusche hinter sich. Ein kurzer Blick über die Schulter: Emil! Offensichtlich hatte dieser ihn wiedererkannt – ein Pfiff, und weitere schnelle Schritte.

Demonstrativ cool ignorierte Tobi den herannahenden Emil und bestieg sein Fahrrad. Er wollte losradeln, als ihn ein Stein stoppte. Mist – aus dem Hinterreifen entwich Luft. Trotzdem trat er hart in die Pedalen und glücklicherweise legte er einen deutlichen Abstand zwischen sich und die Brüder.

Allerdings waren die drei gut trainiert, und die Distanz verringerte sich. Entnervt stieg Tobi vom platten Fahrrad; zu Fuß war er jetzt einfach schneller, denn schließlich gehörte Laufen zu seinen Lieblingssportarten. Als er nach einer Weile zurückschaute, freute er sich darüber, Emil fast 100 Meter hinter sich zu sehen.

Dennoch fühlte er sich unsicher. Hier gab es zu viele Querstraßen. Von August und Karl sah er keine Spur. Falls sich die Brüder geteilt hatten, konnten sie jederzeit neben ihm auftauchen.

Sicherheitshalber schob er sein Fahrrad an die nächste Bushaltestelle. Dort warteten andere Menschen, und er atmete erleichtert auf.

Geschafft! Sein Bus kam angerollt und bremste direkt vor Tobi. Doch gerade als er einsteigen wollte, spürte er einen heftigen Schlag gegen seinen Oberarm. Er biss die Zähne zusammen und hob sein Rad mit letzter Kraft die drei Stufen hinauf. Ein Blick über die Schulter zeigte ihm Augusts drohende Faust.

***

Weil Tobi nicht antwortete und ihr nichts Besseres einfiel, versuchte sie sich erneut an den Mathe-Hausaufgaben. Eigentlich pillepalle, aber sie konnte sich einfach nicht konzentrieren. Also checkte sie ihre Mails. Von Mama: „Hab dich lieb. Ich denke, bald werden wir wieder zusammen sein."
Ungeduldig klickte sie weiter. Für Sentimentalitäten hatte sie jetzt keinen Nerv.
Eine Message von Noah:
„Mizan und Samson haben geniale Idee. Komme morgen wahrscheinlich nicht zur Schule. Bitte sage Eggi (= meine Klassenlehrerin), dass ich starke Kopfschmerzen habe. Ich hoffe, ihr kommt alle so gut weiter wie wir.
P.S. Ich denke oft an dich und wünsche dir viel Erfolg. Noah."
Ev fühlte einen Blutstrom in ihren Kopf steigen. Nein, in ihr Herz. *Ich denke oft an dich.*
„Ich denke auch an dich und wünsche dir alles Gute für dein Vorhaben!", schrieb sie sofort zurück. Das war unverfänglich, fand sie. Sie schloss die Augen und spürte das angenehme Gefühl, wie seine Finger ihre umschlossen. Wieder und wieder holte sie es in Erinnerung zurück. Es war einfach zu schön!
Gerade als sie eine Nachricht von Opa Manfred und Opa Klaus öffnen wollte, klingelte das Festnetztelefon.

Ein Reporter von der hiesigen Tageszeitung. Offensichtlich kannte er das Video und stellte Fragen.

Ja, natürlich war alles echt. Keine Ahnung, ob tatsächlich Anzeige gegen Frau Cösemann erstattet wurde. Waren die Mädchen im Film die beiden, nach denen seit den Osterferien gesucht wurde? Ev zögerte, bejahte diese Frage aber dann klar. Gibt es einen Zusammenhang zwischen diesem Vorfall und ihrem Verschwinden? Unwillkürlich zuckten Evs Schultern resignierend nach oben. Vermutlich ja. Aber wir haben keine genauen Vorstellungen. Wisst ihr, wo eure Freundinnen jetzt sind?

Nein!!

Ev war selbst erschrocken über ihren schroffen Ton. Natürlich wusste sie nichts. Aber irgendwie dämmerte eine Ahnung in ihr. Sie beendete das Telefongespräch, indem sie dem Reporter versprach, sich bei Neuigkeiten zu melden.

∗∗∗

Die Nachricht der beiden Opas klang optimistisch und rätselhaft zugleich. Ein Foto von den beiden vor einem wunderschönen islamischen Innenhof mit vielen Bögen und wasserspeienden Löwen. „Der Löwenhof. Hier in Granada ist die Utopie eines friedlichen Miteinanders zum Greifen nahe. Haben zufällig Brigitte getroffen mit ihren netten jungen Damen. Fahren vielleicht zusammen weiter."

Wer sind Brigittes nette junge Damen? Sie musste unbedingt Tobi sprechen.

Als er antwortete, hörte sie im Hintergrund Stimmengewirr und dann die Ansage einer Haltestelle. Ungewöhnlich für Tobi, der eigentlich immer mit dem Rad fuhr.

„Hör zu, ich mach es schnell. Wer sind Brigittes junge Damen?"

„Junge Damen?" Er betonte das erste Wort, und seine Stimme klang irgendwie verzerrt. „Von jung weiß ich nichts. Nur von Damen. Wahrscheinlich irgendwelche Freundinnen."

Ev drängelte. Was genau wusste er?

„Nicht viel. Sie hat mir zwei Nachrichten geschickt. Dass den anderen Damen das Hotel auch gut gefällt, oder so ähnlich. Und dass sie ohne Probleme durch die Passkontrolle gekommen sind."

„Bitteee??"

„Ja, der Satz hat mich auch gewundert. Tschüss Ev, ich muss hier raus."

Offensichtlich hatte er sein Handy ohne es auszuschalten in seine Jackentasche gesteckt. Denn sie hörte weiterhin Hintergrundgeräusche, allerdings nur noch gedämpft. Dann ein nahes Flüstern: „Ey Mann, lass dir helfen. Das Rad ist zu schwer. Dein Arm blutet ja."

Bustüren öffneten sich, Klappern, dann Tobis heisere Stimme: „Danke."

„Tobi? Tobi! Tobiiii!!" Er antwortete nicht.

***

Nachdem Daniel alle Unterlagen, die Sefi für ihn organisiert hatte, sorgfältig in seinem Rucksack verstaut hatte, checkte er noch kurz sein Handy, bevor er sich auf den Rückweg machte. Nichts Wichtiges. Doch da – eine Nachricht von Tobi. Er pfiff durch die Zähne. Also war die Attacke der „Prepper-Brüder" im Handballverein nicht nur aus Frust geschehen, weil er ihnen einen Stick abgenommen hatte. Sie meinten es also ernst mit ihrer Drohung. Aber warum? Warum interessierten sich Prepper für das Verhalten des Jobcenters gegenüber Nahi?

Immer der Reihe nach. Das war seine nächste Aufgabe. Erstmal das Naheliegende: die Unterlagen sichten, die Sefi ihm zugesteckt hatte.

Er beschloss, dies nicht zu Hause zu tun. Wo dann? Ev fiel ihm ein. Oder das Büro von S4N. Doch die Schule machte pünktlich um 17.00 Uhr zu. Also zu Ev.

***

Den signalgelben Zettel für ihren Vater platzierte Ev deutlich auf dem Küchentisch und beschwerte ihn mit der Pfeffermühle.

Gerade als sie ihr Rad aus dem Schuppen schob, begegnete ihr Daniel. Schon von weitem fiel ihr auf, dass er dauernd zurückschaute. Warum? Fühlte er sich verfolgt? Es dauerte eine Weile, bis sie aus seinem bruchstückartigen Gerede die wesentlichen Zusammenhänge verstand. Sie führte in ihr Zimmer, stellte ihren PC an und kritzelte einen Zusatz auf den gelben Zettel. Daniel bedankte sich: „Pass auf dich auf! Und kümmere dich um Tobi!"

***

Er hätte nicht gedacht, dass ihm der Weg von der Bushaltestelle zur Wohnung so schwer fallen würde. Mit Mühe schloss er auf. Voller Sorge merkte er, dass er es alleine nicht schaffen würde, und schrieb an Ev: „Kannst du mir helfen? Ich wurde angegriffen von den Prepper-Jungen. Bin bei Oma."

Im Bad fand er das gesuchte Verbandsmaterial nicht. Also suchte er in Omas Schlafzimmer. Schließlich sah er ihren roten Erste-Hilfe-Koffer unten im Kleiderschrank, halb verdeckt von einem gelben Sack. Diesen kickte er beiseite und versuchte im Bad, seinen Oberarm selbst zu verbinden. Unmöglich. Also presste er nur einen Mullverband gegen die Wunde und versuchte so, die Blutung zu stillen.

Während er in der Küche Wasser trank, ging ihm Evs letzter Anruf nicht aus dem Kopf. Seine eigenen Vermutungen wurden in gewisser Weise bestärkt. Um sicher zu gehen, rief er zum wiederholten Mal die WhatsApp-Nachrichten seiner Oma auf.

***

Als ihr das Handy eine Nachricht ankündigte, stieg sie sicherheitshalber vom Rad. Tobi. Durch einen unbekannten inneren Kompass gelenkt, war sie sowieso instinktiv zu Brigittes Wohnung unterwegs gewesen. Große Sorge machte ihr nun Tobis Hinweis auf den Angriff der Prepper. Sie trat heftiger in die Pedalen.

Es gab wenig Verkehr und ihre Gedanken kehrten zu den offenen Fragen zurück.

Konnte es sein, dass Nahi und NaNe Brigitte eingeschaltet hatten?

Hmm. Eigentlich ja. Wenn sie selbst an der Stelle der beiden gewesen wäre und aus irgendeinem Grund weder Eltern noch Freundinnen einweihen wollte – ja, Brigitte wäre auch ihre erste Wahl gewesen.

Aber: War es Brigitte zuzutrauen? Würde sie wirklich versuchen, zwei gesuchte Vermisste außer Landes zu bringen?

Ja. Ev nickte unbewusst mit dem Kopf. Ja, es war Brigitte zuzutrauen. Absolut. Jedenfalls dann, wenn sie keinen anderen Ausweg sah. Wenn sie einen Super-Grund hatte. Doch: Was wäre ein Supergrund?

Und außerdem: *Momentan sind das alles nur Hirnge-spinste. Es gibt keine Beweise. Die Handy-Nachrichten sind viel zu vage.*

***

Die Beweise fand sie in Brigittes Schlafzimmer. Sie hatte Tobi verbunden und auf der Couch untergebracht. Als sie den Erste-Hilfe-Koffer zurückstellen wollte, stolperte sie über einen gelben Sack. Ihre Schuhspitze vergrößerte einen Riss in der Folie, und ein weißes Stück Stoff quoll hervor. Das war doch Nahis Kopftuch! Ohne nachzuden-ken kippte sie den Sack aus. Kleidungsstücke und Schuhe ihrer Freundinnen. Ihre Ausweise. Ihre Schülertickets. Und ihre abgeschalteten Handys.
Was bedeutete das?
Sie packte alles zurück in den gelben Sack, klemmte ihn sich unter den Arm und verstreute danach die Einzelteile auf der Couch über Tobis Beinen.
Der zog tief die Luft durch die Nase ein. Offenbar war er nur mäßig überrascht. „Das ist der Beweis!", sage er matt. Dann breitete sich ein freudiges Grinsen auf sei-nem Gesicht aus, und seine Finger trommelten einen Triumphmarsch auf Nahis Schuhen.
Verzweifelt überlegte Ev, ob der Blutverlust so hoch war, dass Tobis Gehirn nicht mehr richtig funktionierte.
„Beweis? Wofür?"
„Dass die beiden in Sicherheit sind! Sicher mit Oma in Spanien!" Seine Stimme jubelte. „Wenn ich gleich richtig gedacht hätte, wären uns viele Sorgen erspart geblie-ben."
Fieberhaft rekonstruierten beide den Ablauf: Flucht aus dem Wohnwagen. Nachts heimlich zu Brigitte. Die erwei-terte ihr Flugticket um zwei minderjährige Personen.

Nach den Osterferien gab es kaum Urlaubsreisende, also Platz genug im Flugzeug.

„Sie kleidet die beiden völlig neu ein und sie lassen alles hier, was auf ihre Identität schließen lässt. Zum Beispiel die Handys und ihre Ausweise. Und wenn Brigitte eine völlig aufgelöste Oma spielt, die urplötzlich mit den beiden Enkeltöchtern die todkranke Uroma in Spanien besuchen muss, dann glaubt ihr das jeder Passbeamte."

Ev war da nicht so sicher; aber klar, irgendetwas würde Brigitte schon eingefallen sein.

Ihre letzte Urlaubsreise nach Griechenland kam ihr in den Sinn. Papa und Mama waren vorausgegangen und ihre Pässe wurden kontrolliert. Als sie selbst ihren Kinderausweis schwenkte, wurde sie einfach durchgewinkt.

„Okaaayyy." Sie klang gedehnt. „Wie auch immer. Ich glaube auch, dass sie in Spanien sind. Vielleicht jetzt sogar zusammen mit Opa Manfred und Opa Klaus."

Ihr plumpste ein riesiger Stein vom Herzen. „Aber die Frage ist doch: Warum?? Warum können sie nicht von Deutschland aus alles klären?"

***

Nach einem kurzen Telefongespräch holte Tobis Mutter ihren Sohn ab. Ihr Journalisten-Instinkt war geweckt: Sie würde über die hiesigen Prepper recherchieren. Nebenher. Denn eigentlich war sie fürs Ausland zuständig.

„Deshalb dauert es vielleicht es ein bisschen. Aber meine Kollegen und Kolleginnen vor Ort werden mir sicherlich helfen."

Sie packte auch Evs Rad in den Kofferraum und fuhr sie nach Hause. „Sicher ist sicher. Kein Risiko eingehen. Aber ihr habt eine tolle Arbeit gemacht!"

Auch Daniel hatte eine tolle Arbeit gemacht, fand Ev.

Papa war immer noch nicht zu Hause, und während die beiden in der Küche einen Salat vorbereiteten, berichtete ihr Daniel seine Ergebnisse.

„Sefis Familie ist zur Tante gefahren. Offenbar meinen sie, dass hier der Schlüssel für Nahis Verschwinden liegen könnte. Da Sefi diese Tante nicht mag, ist er hier geblieben. Seine Eltern haben es akzeptiert: Er hält die Stellung, falls Nahi zurückkommt oder falls sie anruft."

„Und die Prepper-Jungen? Bedrohen sie ihn auch? Sie haben ihn sicher schon in eurem Handballverein gesehen!"

Daniel dachte einen Moment nach. „Ich denke nicht. Sie wissen nicht, dass er Nahis Bruder ist. Überhaupt: Sie kennen die beiden Mädchen aus dem Video nicht. Das wissen nur Insider."

Evs Magen zog sich ungut zusammen; aber sie verschluckte den Einwand, dass viele Menschen einen Zusammenhang herstellen würden zwischen den mit Plakaten und Namen gesuchten Mädchen und denen im Video.

Jetzt nur nicht aus der Spur kommen! Zurück zu den Hossaiynis!

„Okay, Sefis Eltern und Geschwister sind also nicht zu Hause. Deshalb konnte dir Sefi wichtige Dokumente geben. Was?"

„Die Kontoauszüge. Ich habe sie durchgeguckt." Er machte eine Kunstpause.

„Und - was hast du gefunden?" Ev schnitt Tomaten und es fiel ihr schwer, sich auf das Messer zu konzentrieren.

„Das Jobcenter hat wirklich die Zahlungen um 150 Euro gekürzt."

Ein kleiner Schrei entfuhr Ev und sie leckte sich etwas
Rotes vom Daumen. Blut? Oder doch nur Tomatensaft?
„Ja, diese Frau Cösemann ist ein echtes Biest."
Daniel hatte Evs Schrei falsch gedeutet. „Aber – die Fami-
lie hatte keinen Schaden. Wahrscheinlich hat sie es noch
nicht mal gemerkt. Denn zur gleichen Zeit wurden ihr 150
Euro von einer Stuttgarter Kasse überwiesen. Den Ab-
sender habe ich nicht rausbekommen. Aber unterm
Strich blieb die monatliche Endsumme für die Familie
gleich."
„Du meinst – es gibt einen unbekannten Spender?"
„Ja, so ungefähr. Ich muss das mit Sefi besprechen. Er
braucht sowieso die Kontoauszüge so schnell wie möglich
zurück."
In Gedanken versunken aßen sie Tomatensalat mit Käse-
brot. Papa war immer noch nicht zurück. Und er hatte ihr
auch keine Nachricht geschickt.
 Ungewöhnlich.
„Wenn es den beiden nur gut geht!" Daniel war offen-
sichtlich bei NaNe und Nahi gelandet. „Ich meine, zwei
Mädchen ganz allein. Was ihnen alles passieren kann... !
Und keine winzig kleine Botschaft an ihre Freunde!"
Er sah sehr traurig aus.
Tröstend drückte sie seinen Arm. „Tobi und ich denken,
sie sind in Sicherheit. Wir haben da so eine Idee. Psst!"
Sie wischte seine Nachfrage beiseite. „Es ist zu früh.
Wenn wir mehr wissen, sagen wir Bescheid."
Nach mehreren vergeblichen Versuchen seufzte Daniel
und gab auf. Es hatte keinen Zweck; Ev verriet nichts.
Als er sich verabschiedete, mahnte sie: „Pass auf dich
auf. Diese Prepper-Buben sind nicht ohne! Und warne
vorsichtshalber auch Sefi."
Er versprach es.

Sie selbst schickte eine Warnung an Noah.

Okay, eigentlich konnten die Prepper keinen Bezug zu Noah herstellen. Aber sicher war sicher. Und außerdem war das ein guter Grund, zu ihm Kontakt aufzunehmen. Sofort schrieb er zurück: „Keine Sorge. Hier läuft alles bestens. Wir passen auf. Sowieso. Komme morgen definitiv nicht zur Schule; das steht schon fest. Denke an dich. Noah."

Auch sie dachte an ihn. Natürlich. Momentan war er für sie einfach wichtig. Als Vertrauter. Als guter Freund. Mehr nicht.

Mehr nicht?

Sie hörte ihr eigenes ironisches Kichern. Ihr Herz weigerte sich, Noah nur als guten Freund anzuerkennen. Es wollte mehr.

Aber was genau, was willst du, Herz?

Keine Antwort.

Ihr Verstand kam sofort ins Spiel.

Nun ja. Schau dir Daniel an. Was hast du in dein Tagebuch geschrieben? Etwas mit Eifersucht. Bist du wegen Daniel eifersüchtig?

Nein, absolut nicht. Sie dachte an den heutigen Nachmittag zurück. Alleine mit Daniel. Hatte an irgendeiner Stelle ihr Herzschlag ausgesetzt? War sie kurzatmig geworden? Hatte sie das Gefühl gehabt, ganz nah an ihn heran rücken zu müssen?

Nein, nein und nein!

Was soll das? Eigentlich wusste sie genau, was das sollte. Aber sie musste es sich nochmal klarmachen.

Du hast mit NaNe um Daniel konkurriert. Nun ist NaNe weg und du hast Daniel allein für dich gehabt. Was hast du gefühlt? Nichts. Echt nichts. - Stimmt nicht. Du hast Mitleid gefühlt. Weil er wirkliche Sorgen um NaNe hat.

Und Bewunderung, weil er ein echt tolles Video über den Machtmissbrauch im Jobcenter gemacht hat. Aber persönlich?

Persönlich hatte sie nichts gefühlt, jedenfalls nichts, was so etwas war wie …???

Sie sparte erstmal das Wort aus. Dann entschied sie sich, alles zuzulassen.

Also Liebe. Oder Verliebtsein. In Daniel?

Voller Überzeugung schüttelte sie den Kopf. Nein, nicht in Daniel. Absolut nicht. Aber vielleicht …

24 Bedrohungen

Die hässlichen Nachrichten tauchten am nächsten Tag auf - nur wenige Stunden nach Veröffentlichung des Zeitungsartikels.

Die ersten leitete ihr Elisa weiter vom Account „Bloggen for Nature". Zusammen mit einem Kommentar: „Schau dir das mal an! Total irre!! Sind die noch normal???"

Danach eine zweite Message: „Tom und ich kennen die Mail-Absender nicht. Sind wohl von außerhalb. Anscheinend erhält das Video öffentliche Aufmerksamkeit. Was ja gut ist. Abgesehen von diesen wahnwitzigen Kommentaren."

Ja, entschied Ev nach dem Lesen, die Schreiber waren nicht mehr normal. Wieso sollte „Bloggen für N." das deutsche Volk und die deutsche Kultur hassen? Weil sie Fehlverhalten einer Behörden-Mitarbeiterin aufgezeigt hatten? Lächerlich! Und dann sollten sie noch als Volksfeinde eliminiert werden? Ev fiel es schwer, die Kommentare ernst zu nehmen.

Als aber die hässlichen Nachrichten auch auf ihrer privaten Adresse einliefen, wurde sie unruhig. „Fotze" war noch eine der harmloseren Beschimpfungen. „Du gehörst tausendfach gefoltert!" „Das wirst du nicht überleben!" „Wir wissen, wo du wohnst."

Ein Hammer setzte Evs Gehirn außer Kraft. Was war das? Ein Alptraum? Sie schüttelte sich. Natürlich konnte es nur ein schlechter Traum sein. So waren Menschen in Wirklichkeit nicht.

Oder etwa doch?

Schwankend setzte sie sich an den Küchentisch und drückte Noahs Nummer. Er hörte die Verzweiflung in ihrer Stimme und versprach: „Ich komme sofort."

Sie scrollte weiter durch die Nachrichten und fühlte, wie sich ihr Magen umdrehte.

„Eva-Maria - Evi, was ist los?"

Papa stand im Türrahmen. Er wirkte blass, zusammengeschrumpft, irgendwie dünn und fast durchsichtig. Besorgt nahm er sie in den Arm und erhaschte dabei einen Blick auf ihr Handy. „Was ist das? Unerhört!"

Papa gab ihr ein Glas Wasser und wollte alles wissen. Nur Bruchstücke sprudelten aus ihrem Mund, bis Noah klingelte. Mit seiner Hand auf ihrer Schulter konnte sie zusammenhängender reden. Papa und Noah beugten sich gemeinsam über ihr Handy und schüttelten die Köpfe, während Ev sich richtig krank fühlte.

Wenn sowas Nahi und NaNe passiert ist, dann ist es kein Wunder, dass sie abgehauen sind.

Papa schlug ihr vor, sich im Wohnzimmer auf die Couch zu legen, und Noah breitete sanft eine Decke über sie. Sie fühlte sich behütet und geborgen.

Umständlich kramte Papa die Visitenkarte der Polizistin heraus, die damals Ev befragt hatte, und rief sie an. Natürlich, sie würde sofort kommen, wenn ihr Dienst dies zuließ.

In der Zwischenzeit sah sich Papa das Video an. Vor Ärger bekam sein Gesicht wieder Farbe.

Gerade als sie sich aus „Blogging for Nature" ausloggen wollten, erschien Elisas Gesicht.

„Hi!" Ev musste schmunzeln, weil Elisa hart daran arbeitete, ein „meine Damen und Herren" zu unterdrücken.

„Hi everybody!" Im Hintergrund meinte Ev das zustimmende Räuspern von Tom zu hören.

„Liebe Freundinnen und Freunde, wir haben gerade ein zweites Video bekommen, absolut interessant. Es liefert wichtige Hintergrundinformationen. Schaut es euch an."

Ev stand von ihrer Couch auf. Sie hockte sich auf die Armlehne des Sessels, in dem Noah saß. Der wirkte total angespannt und nahm kaum Notiz von ihr.

Auf dem Bildschirm erschienen Mizan und Samson mit Gitarre. Im Hintergrund der Song „Oh freedom". Mizans klare, helle Stimme verströmte deutlich die Sehnsucht nach Freiheit. Samsons untermalte dies mit dunklen Tönen. Darüber ertönte Noahs Kommentar: „Wir haben in unserer Ausländer-Community recherchiert. Haben andere ähnliche Erfahrungen mit dem Jobcenter oder der Ausländerbehörde gemacht wie unsere beiden Freundinnen?"

Was nun folgte, war sensationell. Es waren Mizan und Samson, die farbige, schwarze und weiße Ausländer und Ausländerinnen interviewten über ihre Erfahrungen mit den Behörden. Viele sprachen direkt in die Kamera. Ihre Geschichten wurden von sympathischen Gesichtern vorgetragen, manchmal ironisch- humorvoll, manchmal tieftraurig, manchmal zornig. Einige zogen es vor, im Schatten zu stehen oder nur ihren Rücken zu zeigen. „Aus Angst vor Repressalien. Leider mussten sie bei uns solche Erfahrungen machen, als sie sich kritisch äußerten." Empört erklärte Noah einen Missstand.

Dann zog Noahs Stimme das Fazit zu einer melancholischen Hintergrundmusik von Mizan und Samson: „ Ich persönlich finde es sehr, sehr traurig, dass es hier in unserer Stadt und in unserem Kreis viele Erfahrungen mit Diskriminierung gibt. Entweder werden die bestehenden Vorschriften sehr eng ausgelegt. Oder mit Scheinargumenten umgangen. Oder überhaupt nicht beachtet. Oder Termine für die Verlängerung von Aufenthaltsgenehmigungen werden verzögert. Und besonders häufig scheint dies HIER der Fall zu sein." Bei dem stark betonten HIER

wurden die Schilder „Jobcenter" und „Frau Cösemann"
eingeblendet. Lange.
Evs Hand hatte sich schon beim ersten Kommentar
Noahs auf seine Schultern gelegt. Im Laufe des Films
drückte sie diese heftiger. Bei Filmende zog Noah ihre
Hand vor sein Gesicht und küsste sie sanft.
Da klingelte es. Die Polizistin.

***

Es war Evs Vater, der zuerst seine Fassung verlor: „Wie?
Die Polizei kann nichts tun? Wieso nicht? Meine Tochter
wird bedroht! Was heißt: Unstimmigkeiten zwischen Jugendlichen! Das ist doch nicht Ihr Ernst! Hier geht es um
allgemeine gesellschaftliche Probleme! Sie wollen mir
doch nicht erzählen … ."
Doch. Wirklich. Das wollte die Polizistin. Sie erzählte ihm
tatsächlich, dass die Polizei keine Handhabe habe. Internet war Internet und hatte seine eigenen Regeln.
„Aber man kann meiner Tochter doch nicht mit Mord
und Vergewaltigung drohen!"
Anscheinend konnte man es.
Meinungsfreiheit. Und außerdem wahrscheinlich nur der
übliche Streit zwischen Jugendlichen. Nichts Ernstes.
An dieser Stelle rastete Evs Vater aus: „Meiner Tochter
wird mit Folter gedroht! Wissen Sie denn nicht, was das
bedeutet? Und außerdem ist ihre Privatsphäre verletzt
worden: Wir wissen, so du wohnst. Sie ist hochgradig
gefährdet! Und Ihnen fällt nichts anderes ein als ´Streit
zwischen Jugendlichen´?"
Er schnaufte tief durch und fuhr dann fort: „Ich zeige Sie
an. Dienstpflichtverletzung. Die Polizei hat die Pflicht,
meine Tochter zu schützen. Und nicht blöd herumzure-
den!" Zornig stampfte er auf und ab.

199

Ev war sachlicher: „Was müssen wir tun?"
Die Polizistin seufzte: „Anzeige erstatten. Gegen Unbekannt."
„Mit welchem Erfolg?" Wie immer hatte Noah weitergedacht.
Resigniert zuckte die Polizistin ihre Schultern. „Unklar. Beziehungsweise: Unwahrscheinlich. Hier gibt es keine Prepper. Jedenfalls kennt die Polizei keine. Also können sie euch auch nicht bedrohen."

***

Sefi verstand sehr schnell, was Daniel ihm erklärte. Er hatte einen Sinn für Zahlen. Okay. Die Behörde hatte weniger gezahlt. Trotzdem hatte die Familie denselben Betrag erhalten. Weil jemand anders die Differenz ersetzte. Aha. Klar ersichtlich.
Aber wer?
Eine Stuttgarter Bank. Ja. Aber Sefi konnte sich nicht vorstellen, dass seine Tante das Geld überwiesen hatte.
„Sie ist arm. Und sie ist … sie ist sie."
Daniel schlussfolgerte, dass Sefi egoistisch meinte, und nickte. Er würde später mit Tobi über die Tante sprechen. Wenn nicht die Tante den Unterschiedsbetrag ersetzt hatte – wer dann? Und mit welcher Motivation?
Daniel versuchte einen anderen, familiären Ansatz und erfuhr: Die Tante war die ältere Schwester des Vaters. Sefis Mutter mochte sie eigentlich nicht. Und Nahi? Nicht wirklich.
„Aha. Warum hat Nahi sie dann besucht?"
„Hm. Sie wollte Papa nicht wehtun. Und sie wollte andere Städte sehen. Und andere Menschen."
Ja, das passte zu Nahi.

Ein anderer Gedanke kreuzte durch Daniels Gehirn. „Warum denken deine Eltern, dass die Tante etwas mit Nahis Verschwinden zu tun hat?"

Ratlos sackten Sefis Schultern nach unten. „Keine Ahnung, Mann."

Seine zusammen gezogenen Brauen signalisierten scharfes Nachdenken. Dann dämmerten Erinnerungen auf: „Die Tante will, dass Nahi heiratet. Ein Mann aus Afghanistan. Er ist schon lange in Deutschland. Viel Geld. Papa und Mama wollen es nicht. Aber Tante sagt, Nahi will heiraten. Mama glaubt das nicht."

Daniel glaubte das auch nicht. Viele Bilder gingen ihm durch den Kopf: Nahis energisches und selbständiges Auftreten in der Schule; ihre festen Vorstellung über die Zukunft: Abitur und Studium. Warum sollte sie heiraten wollen?

Und vor allem: Nahis zärtliche Blicke auf Tobi. Und Tobis völliges Durcheinander nach ihrem Unfall. Wenn Nahi für irgendjemanden liebevolle Gefühle hegte, dann für Tobi. Da war sich Daniel sicher. Eine Heirat passte überhaupt nicht zu ihr.

„Okay. Ich denke darüber nach. Pass auf dich auf. Hier sind leider viele böse Menschen unterwegs. Auch im Handballverein."

Als er Sefis entsetzte Miene sah, fiel ihm ein Trost ein: „Ev denkt, Nahi und NaNe sind in Sicherheit. Sie hat Anzeichen dafür. Also: Mach dir keine Sorgen."

Sefi bedankte sich mit einem Lächeln.

***

Als Noah sich verabschiedete, hauchte er sanft einen Kuss auf ihre Wange. Zart strich sie über diese Stelle und lief überglücklich ins Wohnzimmer zurück.

Aber dort erwartete sie ein Schock.

Papa telefonierte weinend. „Ja. Ja, ich bin auch sehr traurig. Aber Hauptsache: Du bist in Ordnung. Liebes, es geht dir doch wirklich gut?" Er horchte ins Telefon und sagte dann: „Okay. Ruh dich aus. Ich komme so schnell wie möglich vorbei. Und vielleicht - hm, ja..." Er schien unsicher: „Na ja, vielleicht ist es auch besser so." Schnell drückte sein Finger den Ausschaltknopf, und er sackte in sich zusammen.

Vorsichtig näherte sich Ev. Noch nie hatte sie ihren Vater weinen sehen. Aber nun zuckten seine Schultern unter tiefen Erschütterungen. Durch sanftes Streicheln versuchte sie ihn zu beruhigen. Das war schwierig.

Und in ihr bohrte eine Frage. „Was ist besser so?" Ihr Ton war schärfer als geplant, denn sie ärgerte sich. Schon wieder hatten die Erwachsenen sie nicht informiert.

„Ich ... es tut mir leid." Er schnupfte in sein Taschentuch. „Imke hatte eine Fehlgeburt."

Als ihm klar wurde, was er gesagt hatte, schaute er Ev schuldbewusst an.

Unnötig. Völlig unnötig.

„Wie schade!" Das Gefühl brach spontan aus ihr heraus. „Ich habe mir schon immer Geschwister gewünscht!"

Ungläubig schaute er von seinem Taschentuch auf. „Du meinst ...?"

Ja, Ev war sicher. „Natürlich wollte ich schon immer gern Geschwister."

Eigentlich von ihm und Mama. So war ihre traditionelle Vorstellung.

Aber unter den jetzigen Umständen ... .

Plötzlich tat es ihr leid, dass sie Imke nicht kannte.

Dann merkte sie, dass das egal war.

Sie trauerte um ihren ungeborenen Bruder oder ihre ungeborene Schwester. Ein kleines Wesen, das sie umsorgen konnte. Es beschützen. Die Welt gemeinsam erkunden. Vorlesen. Kuscheln. Tränen trocknen. Zusammen lachen.

„Und Opa Manfred und Opa Klaus hätten sich auch über ein zweites Enkelkind gefreut!"

Ungewollt brach dies alles aus Ev heraus. Dann schlug sie sich auf den Mund. Aber gesagt war gesagt.

Sprachlos starrten sie und ihr Vater sich an.

Sie fühlen sich ohnmächtig·
Natürlich ist das fremde Land schön· Und natür-
lich kann die alte Generation die Sehenswürdig-
keiten wunderbar erklären· Und selbstverständlich
berührt sie diese vergangene historische Epoche,
in der unterschiedliche Menschen, Völker, Religi-
onen gemeinsam und anscheinend ziemlich frei
von Diskriminierung und Unterdrückung ein gro-
ßes Gemeinwesen schafften, das viele Wissen-
schaftler und Gelehrte anzog – das goldene
Zeitalter von al-Andalus·
Sie seufzen· Leider sieht einige Jahrhunderte
später das Zusammenleben zu Hause nicht so
rosig aus· Gerade deshalb sind sie ja abgehauen:
Um Veränderungen zu herbeizuführen·
Und nun? Ja, das Video ist veröffentlicht· Auch
ein Zeitungsbericht·
Aber: Hat das etwas bewirkt? Haben sich die
Zustände zu Hause so verbessert, dass sie zu-
rückkehren können?
Nein – da sind sie sich einig· Sie brauchen von
ihren eigenen Familien ein Zugeständnis· Und
zwar ein ganz klares· Und natürlich brauchen sie

auch Zugeständnisse von offizieller Seite, von den Behörden.

Haben sie sich verrechnet, als sie dachten, durch ihre Flucht könnten sie schnell etwas direkt bewirken?

Wie lange wird eine Veränderung dauern?

Wird sie überhaupt passieren?

Oder werden sie einfach nur betrauert und dann – vergessen? Haben sie sich selbst in eine ausweglose Situation gebracht?

Zweifel nagen an ihnen.

Aber Aufgeben kommt nicht in Frage. Natürlich nicht.

Doch wie lange können sie noch durchhalten?

Beiden tut die Vorstellung weh, wie viele Tränen ihre Lieben weinen, wie viele Sorgen und Ängste sie durchleben.

Und natürlich nagt die Sehnsucht an ihnen – mal wieder Mama drücken, Papa umarmen, Tobis Hand spüren, das Baby lächeln sehen. Die Freundinnen fehlen. Auch die Schule. Und natürlich S4N.

Sollen sie zurückfahren? Nein.

Jedenfalls jetzt noch nicht.

Aber ihre Familien brauchen ein Zeichen, dass es ihnen gut geht. Und die Freunde brauchen Hinweise, damit sie schneller die Probleme erkennen und lösen können.

26 Es geht voran

Ev hielt die Ungewissheit nicht mehr aus.

„Hier geht alles drunter und drüber!", schrieb sie an Brigitte und die beiden Opas. „Und dann noch die Sorge wegen der Verschwundenen. Wir wären so glücklich, wenn wir ein positives Zeichen hätten!"

Die Antwort kam schnell von Brigittes Handy.

Ev stöhnte, als sie erneut die Alhambra erkannte.

Doch davor - davor sah sie vier Rücken, abwechselnd einen jungen und einen alten, männlich und weiblich. Die vier Personen hatten sich die Arme über die Schultern gelegt. Die alten Köpfe trugen Strohhüte, die jungen Käppis, unter denen ihre Haare verborgen blieben. Außerdem waren sie mit Jeans und Herrenhemden bekleidet. Trotzdem erkannte Ev ihre Freundinnen sofort. Und die Opas hatten gar nicht erst versucht, anders auszusehen.

„Danke", schrieb sie an Brigitte. „Wir sind sehr froh, dass es allen gut geht. Aber: Was können wir tun, damit ihr schnell zurückkommt?"

„Ihr macht es schon gut", die Antwort erschien sofort auf dem Display, „aber der Staat und die Familien müssen handeln, damit sie zurückkommen können."

***

Was heißt das konkret? Der Staat und die Familien? Wieso auch die Familien?

Ev beschloss, NaNes Mutter zu besuchen. Diese schien froh und schenkte ihr Kaffee ein.

Dann sah sie sich dankbar Brigittes Handy-Foto an.

„Gottseidank. Es geht ihnen gut. Sie sind also in Spanien. Mit … mit deinen Verwandten. Aber warum?"

„Das müssen wir zusammen herausfinden." Ev hätte nie gedacht, dass sie so abgeklärt erwachsen klingen konnte. Sie versuchte, gezielt Fragen zu stellen.

Nein, NaNes Mutter hatte nie daran gezweifelt, dass ihre Tochter einen Grund hatte zu verschwinden. Wahrscheinlich wegen der Freundin, die Stress mit den Behörden hatte.

Was? Vielleicht auch persönliche Gründe? Persönliche Gründe bei NaNe selbst?

Hmm …

Das Zögern von NaNes Mutter zeigte Ev, dass sie auf dem richtigen Weg war.

„Könnte es persönliche Gründe geben?"

„Tja, eigentlich nicht. Jedenfalls nicht direkt. Allerdings … Es gibt da einen Konflikt … zwischen ihrem Vater und mir…"

„Worum geht es?" Eigentlich schämte sich Ev, dass sie so direkt in die Privatsphäre einzudringen versuchte. Aber blieb ihr etwas anderes übrig? „Der Staat und ihre Familien müssen handeln." Das war Brigittes Statement. Und sie, Ev, war hier, um den Anteil der Familien herauszufinden.

„Nun ja, es geht um das Sorgerecht. Bisher haben NaNes Vater und ich es gemeinsam. Aber jetzt – ich meine, NaNe wird erwachsen. Eine heranwachsende junge Frau. Was kann da ein abwesender Vater bewirken?"

NaNes Mutter stoppte und starrte gedankenverloren aus dem Fenster. „Sie wächst bei mir auf. Also. Ich kenne sie, ich weiß Bescheid. Wieso soll ein abwesender Vater über ihr Leben mit entscheiden dürfen?"

War das der Konflikt?

Evs Gedanken überstürzten sich. Wollte NaNe, dass ihrem Vater das Sorgerecht entzogen würde?

Eigentlich unmöglich. NaNes vierzehntägige Treffen mit Papa waren heilig. Durch nichts zu stören, auch nicht durch S4N. Und die umfangreiche Handy-Kommunikation zwischendrin! Ev hatte immer den Eindruck, dass NaNes Papa eine wichtige Größe in ihrem Leben war.

Sie räusperte sich.

„Will NaNe das denn? Ich meine: Wollte sie, dass ihr Vater kein Sorgerecht mehr hat?"

Langsam löste NaNes Mutter die Augen vom Fenster und blickte an Ev vorbei. „Nein, eigentlich nicht. Äh. Um genau zu sein: Nein, absolut nicht, sie war strikt dagegen. Wir hatten Streit." Ihre Stimme erstarb.

„Und?" Ev ließ nicht locker. Sie hatte das Gefühl, dass es hier um mehr ging als um NaNe und ihre Mutter. Irgendwie auch um sie selbst und ihre Eltern.

NaNes Mutter atmete tief durch. Dann schaute sie Ev direkt an.

„Sie kann das nicht beurteilen. Sie ist noch zu jung und unerfahren. Absolut normal, dass ihr Vater sie manipulieren kann."

Schon als sich ihre Gedanken formten und den Weg zum Mund bahnten, wusste Ev, dass das Kommende absolut daneben war. Jedenfalls für NaNes Mutter.

Trotzdem konnte sie ihre Worte nicht stoppen. Oder genauer: Sie wollte es nicht.

„Was bildet ihr Erwachsenen euch eigentlich ein? Ihr schafft es nicht, eure Beziehungen zu regeln – schlimm für euch! Aber was gibt euch das Recht, uns als Faustpfand in eurem Krieg zu benutzen? Warum behauptet ihr, das Beste für uns zu wollen? Warum fragt ihr nicht, was wir wirklich wollen?"

NaNes Mutter starrte sie mit offenem Mund an.
„Sorry", Ev ging schnell zum Ausgang. „Es tut mir leid. Ich habe wohl mehr meine eigenen Eltern gemeint."

**

Die Blumen in Brigittes Wohnung mussten gegossen werden.
Es dämmerte schon, als Tobis Mutter endlich Zeit fand und ihren Sohn überredete, diese Aufgabe gemeinsam zu erledigen.
Das Wässern der Blumen auf den Balkonen und im Garten beanspruchte Zeit. Daher war es schon fast dunkel, als sie endlich ins Haus zurückkehrten. Glücklicherweise gab es dort nur Blumen im Wohnzimmer; alles andere fand Brigitte unhygienisch.
Während Mama im Bad Wasser zapfte, ließ Tobi den Anrufbeantworter abspulen. Die Nachricht, die ihn aufhorchen ließ, war zwei Tage alt.
„Brigitte?" Eine Frauenstimme. Offensichtlich etwas älter. „Brigitte? Erschrick nicht. Aber in der Tafel wurde gestern Nacht eingebrochen."
Kurze Pause. Heftiges Einatmen. Dann:
„Chaos. Alle Lebensmittel durcheinander geschmissen. Tuben ausgedrückt, Verpackungen aufgerissen, der Inhalt verstreut. Nicht mehr verwertbar. Äpfel angebissen. Bananen und Orangen zertreten. Salatköpfe zerpflückt und die Blätter verstreut. Der reine Vandalismus. Bitte melde dich."
Zehn Minuten später: „Brigitte, nun sind wir draußen. Alles besprüht. Ein Hakenkreuz. Scheiß-Ausländer. Fuck the jews. Deutschland den Deutschen!! - Was soll das? Wir sind die Tafel, gemeinnützig! Ja, natürlich haben wir die Polizei eingeschaltet. - Brigitte, bitte melde dich!"

Tobi ging die Mischung aus Empörung und Trauer ans Herz.

Dann eine Nachricht von gestern: „Brigitte, auch wenn du dich nicht meldest, dokumentiere ich hiermit: Samson und Mizan sind gestern nach der Tafel auf ihrem Heimweg mit Steinen beworfen worden. Gott sei Dank ist außer kleinen Kratzern nichts passiert. Sie denken, es hat etwas mit einem Video zu tun. Ich habe keine Ahnung. Bitte melde dich."

„Wer sind Samson und Mizan? Und was ist mit dem Video?" Mama hatte die Gießkanne abgestellt und zog ihn auf die Couch. Tobi war froh, alle Fakten und seine Befürchtungen bei seiner Mutter abladen zu können.

Mitten in seinem Bericht unterbrach ihn eine aufgeregte Sprachbotschaft von Ev.

„Tobi? Schnell! Noah hat gerade angerufen. Mizan und Samson fühlen sich bedroht. Um ihre Gemeinschaftsunterkunft schleichen komische Gestalten. Drinnen fragen zwei Fremde, wer bei der Tafel arbeitet. – Noah fährt jetzt hin, obwohl ich nicht denke, dass das klug ist."

Evs Stimme hatte einen verzweifelten Ton angenommen.

„Aber wir können ihn nicht allein lassen. Ich radele jetzt auch los. Wenn du mich rechtzeitig hörst, alarmiere die anderen!"

Tobi fühlte sich äußerst angespannt. Was war rechtzeitig? Und wen sollte er alarmieren? Elisa und Tom, Daniel - wen noch?

Ohne Diskussionen zuzulassen übernahm seine Mutter das Kommando. „Wir fahren jetzt zur Gemeinschaftsunterkunft. Sag all deinen Freunden, dass sie sehr, sehr vorsichtig sein sollen. Kein Heldentum. Keine Gegenwehr. Aber genaue Beobachtung. Und Handyaufnahmen."

Tobi nickte, tippte eine Nachricht und sandte sie an verschiedene Empfänger.

***

Als Mama und er sich der Flüchtlingsunterkunft näherten, veränderte sich seine Mutter. Hinter dem Steuer schrumpfte sie zusammen, war kaum noch sichtbar; gleichzeitig öffnete sie die Seitenfenster und entwickelte anscheinend gigantische Ohren zum Hinaushorchen. Ihre Augen verwandelten sich zu Nachtgläsern, denn sie bremste das Auto schon ab, bevor Tobi überhaupt irgendeine Bewegung bemerkt hatte. „Die Kamera", zischte sie, „im Handschuhfach! Schnell! Einschalten auf Nachtmodus! Hast du?"
Benommen nickte er.
„Halt drauf! Je nach Situation: Video oder Fotos!"
Er kannte sich mit Kameras aus; seitdem er sich erinnern konnte, hatte Mama ihn damit hantieren lassen.
Aber was war in dieser Situation das richtige?
„Ey, Mama. Ich bin nicht Pierre." Pierre war der Kameramann bei ihren Reportagen. „Was soll ich tun?"
Sie hatte das Auto gestoppt und wartete den Gegenverkehr ab, um dann zu drehen. All ihre Instinkte waren nach draußen gerichtet.
„Halt drauf. Video. Oranges Licht bei der Unterkunft. Beeil dich. Wahrscheinlich ein Feuer."
Tobi hielt drauf und hatte den Eindruck, dass sich tatsächlich ein Brand entwickelte.
Woher hatte Mama die Intuition? Oder war dies das Ergebnis langjähriger Recherchen in Krisengebieten?
Mama hatte gewendet und fuhr aufreizend langsam zurück. „Nun Fotomodus. Schnelle Sportfotos. Sie müssen gleich kommen."

Tatsächlich. Mehrere Gestalten tauchten aus der Flüchtlingsunterkunft auf, rannten am Grundstück entlang und
versuchten die Straße zu überqueren. Mama hielt vor
dem Zebrastreifen und blendete auf. Ein tolles Angebot
für die Laufenden, und Tobi hatte freie Sicht und genug
Zeit zum Fotografieren.

Inzwischen ergriffen Mamas Finger ihr Handy und wählten 112. „Brandstiftung in der Gemeinschaftsunterkunft
in der Hochheimer Straße. Nein, wir wissen nichts von
Verletzten. Jedenfalls jetzt noch nicht."

Zehn Minuten später wussten sie es.

Der erste Verletzte war Samson. Er hatte versucht, das
Feuer zu löschen und dabei Brandwunden erlitten. Der
zweite war Noah. Er lag bewusstlos am Boden und Ev
kniete weinend bei ihm. Kopfwunde. Offensichtlich durch
einen Stein.

„Bei mir haben sie glücklicherweise nur den Arm getroffen", murmelte Tobi erleichtert und seine Mutter schaute ihn nachdenklich an. „Du kennst die Angreifer? Diesel-
ben, die den Stein auf dich geworfen haben?"

„Ja klar. Beziehungsweise: Ich vermute es stark. "

***

„Nein. Auf gar keinen Fall. Du bleibst nicht hier. Du klärst
weiter auf. Das bist du NaNe, Nahi und allen von S4N
schuldig. Und besonders mir."

Noahs Augen wirkten besonders schwarz unter dem weißen Stirnverband. Am liebsten hätte Ev einen Kuss darauf
gehaucht.

„Bitte Ev. Ich glaube, wir sind kurz vorm Durchbruch. Du
musst weitermachen. Wirklich: Betonung auf MUSST!"

Ev lächelte gegen ihren Willen. „Und wenn ich mich dem
Muss nicht beuge?"

„Du sollst dich nicht beugen! Was ist das für ein Wort?"
Noah schnaufte empört. „Du bist klug, Ev. Du weißt, was
sinnvoll und richtig ist. Und das sollst du auch tun. Mir
geht es gut, und es wird mir noch besser gehen, wenn du
weiter arbeitest. Ich versuche so schnell wie möglich
wieder im Team zu sein. Bitte, Ev!"
Er hatte Recht – im Allgemeinen.
Aber konkret: Konnte sie Noah wirklich allein lassen?
Er las in ihren Augen und lächelte: „Ich bin nicht allein.
Ich bin in eurem super Wohnzimmer auf eurer himmli-
schen Couch. Und du weißt, dass ich keinerlei Probleme
in der letzten Nacht hatte. Denn dein Papa hat mich wirklich gut versorgt. Und er wird bald wiederkommen. Vor
allem bin ich in Gedanken bei dir."
Sie nickte, nahm allen Mut zusammen und hauchte einen
Kuss auf den weißen Stirnverband.

***

Seit langer Zeit wieder frühstückte Tobi mit seiner Mutter. Entgegen seinen Befürchtungen war es entspannt
und fröhlich. „Kein Wort über gestern Abend. Beim Frühstück wird nie über die Arbeit gesprochen." Tobi war
froh. Sie nahm ihn als Mitarbeiter also ernst.
Mama erzählte Anekdoten aus Brigittes Leben. Häufig
habe sie am „Rande der Legalität" agiert, aber „immer
zum Wohle der Menschen".
Tobi nickte.
„Kennst du das von ihr?"
Wieder nickte Tobi. „Ja, wir glauben, dass sie NaNe und
Nahi nach Spanien geschmuggelt hat."
„Super!" Seine Mutter hob beide Daumen. „Typisch Brigitte!"

„Ja, aber warum? Warum hat Oma das getan, ohne jemanden zu informieren?"

Mama dachte nach, fand aber offensichtlich keine befriedigende Antwort. „Sie wird schon ihre Gründe gehabt haben. Das macht sie nicht einfach so."

Dann kam Mama zur Arbeit. Sie zeigte ihm Fotos. Dunkle Gestalten, die über einen Zebrastreifen liefen. Schon die unterschiedlichen Größen weckten einen bestimmten Verdacht in Tobi. Als er dann die aufgehellten Vergrößerungen sah, war er sicher: „August, Karl und Emil!"

„Sind das die Jungs, die dich angegriffen haben? Warum eigentlich genau?"

Tobi gab seiner Mutter einen umfassenden Bericht. Zwischendrin unterbrach sie ihn. „Warte, ich will ein paar Notizen machen. Das muss an die Öffentlichkeit! Mein Kollege wird sich freuen."

Zum Schluss reichte sie ihm einen Zettel: Großlützenburg. Steinweg 6.

Sein Gesicht zeigte drei Fragezeichen, und Mama erklärte: „Prepper. Ich hab meine Kolleginnen und Kollegen gefragt, die vor Ort recherchieren. Diese Adresse habe ich von ihnen. Vielleicht solltet ihr mal hingucken. Aber seid vorsichtig."

***

Sie hatte sich bei Nahis Eltern angemeldet, aber nicht erwartet, dass sie festlich bewirtet würde. Es gab Tee und verschiedene salzige und süße Gebäcksorten. Eigentlich hatte Ev ein schlechtes Gewissen, wenn sie daran dachte, wieviel Zeit Nahis Mutter wegen ihr in der Küche gestanden hatte. Aber sie wollte sie auch nicht durch Ablehnung verärgern. Außerdem schmeckte alles supergut. Ev dachte an Elisa und griff herzhaft zu.

Um ihre Füße strich Minka, Nahis Katze.

Eigentlich war Ev keine Katzenfreundin. Aber als direkt am Beginn ihrer Freundschaft Nahi sie um einen deutschen Katzennamen bat, fiel Ev „Minka" ein. „Ich denke, so heißen viele deutsche Katzen." Minka hatte sie seitdem als Patentante adoptiert.

Ev streichelte sie: „Du vermisst Nahi! Wie wir alle." Minka schnurrte, und Maham lächelte.

Auch das angespannte Gesicht von Nahis Mutter wurde freundlicher. „Schön, dass du da bist. Hast du Message von Nahi?"

Nein, nicht direkt Nachrichten. Aber sie zeigte das Foto von den beiden Opas und den Mädchen und erklärte den Hintergrund und die Personen.

Als klar wurde, dass das Foto offensichtlich erst gestern aufgenommen worden war, herrschte Erleichterung und sogar Jubel. Das war das Wichtigste: Nahite lebte und war gesund.

„But why? Warum? Warum abgehauen? Und warum Spanien? Why Spain?"

Die zweite Frage überging Ev. *Jetzt bloß nichts über Brigitte - Tobis Oma - und deren Urlaubspläne erzählen! Konzentriere dich auf das Wichtigste! Und sei behutsam!*

„Ja, warum? Wir denken, es hat etwas mit der Ausländerbehörde zu tun. Ein Streit wegen eurer Fahrt zur Oma nach Hamburg."

Alle nickten. Ja, das wussten sie von Nahite.

Kannten sie auch das Video?

Als sie verneinten, zeigte Ev ihnen den Link und sie alle schauten auf einen kleinen PC-Schirm. Maham war es offensichtlich unheimlich, sie kletterte auf Evs Schoß; vielleicht wollte sie auch nur besser sehen.

Sefi übersetzte, wenn er meinte, dass es nötig sei. Besonders nötig schien es ihm bei der Drohung von Frau Cösemann, denn er übersetzte mehrfach und schaute dabei Ev auffordernd an.

Endlich verstand sie den Wink und fragte: „Und? Ist das Geld gekürzt worden?"

Sofort schüttelte Nahis Mutter den Kopf: „Nein, wir haben immer dasselbe bekommen."

„Wirklich?" Ev fragte nach, offensichtlich gleichzeitig mit Sefi, denn Nahis Vater stand auf und holte die Kontoauszüge.

Die Eltern und Sefi beugten sich darüber, und Ev sah, wie Sefis Finger über bestimmte Zeilen und Summen fuhr. Erstaunen in den Gesichtern der Eltern.

Maham kuschelte sich an sie. „Wann kommt Nahite wieder?" Ev streichelte ihr sanft über die Haare. Unwillkürlich musste sie an den ungeborenen Baby-Bruder oder die ungeborene Baby-Schwester denken.

Sie schluckte. „Bald, ich hoffe, sie kommt bald wieder."

Maham kuschelte sich noch näher an Ev und flüsterte: „Ist Tobi auch weg?"

Überrascht setzte sich Ev auf. Was wusste Maham von Tobi? „Nein", murmelte sie, „er ist hier und macht sich Sorgen."

Verständnisvoll nickte Maham. Ein kleines Leuchten erschien in ihren schwarzen Augen. „Sag ihm, er keine Sorgen machen. Sie heiratet nicht."

Beinahe hätte Ev sie von ihrem Schoß geschubst, so stark wirkte der Schock. Sie fasste sich im letzten Moment und schaute sich um.

Nein, die Eltern hatten nichts gemerkt.

Offensichtlich waren sie zusammen mit Sefi zu einem Ergebnis gekommen: Kürzung durch die Ausländerbe-

hörde, aber Ausgleich durch ein unbekanntes Stuttgarter
Konto.

Wusste Ev etwas?

Nein, wie sollte sie? Vielleicht die Stuttgarter Tante? All-
gemeines Kopfschütteln. Unmöglich.

Was dann?

Sie fühlte, wie sich Mahams Finger in ihren Arm pressten;
ihre schwarzen Augen blickten sie beschwörend an. Noch
immer fühlte sich Ev von Mahams Bemerkung schwinde-
lig.

Trotzdem – sie tastete sich langsam an das Thema heran:
„Vielleicht eine Freundin? Vielleicht hat Nahite einer
Freundin das Problem erzählt und die hat die Differenz
ausgeglichen?"

Sefi übersetzte, dann Diskussionen, dann das Ergebnis:
Nein. Nahite hatte keine Freundinnen in Stuttgart.

„Aber vielleicht – ein Mann?"

Mahams Blick war so intensiv, dass Ev ihrer Intuition folgte. Denn gleichzeitig dämmerte eine Erinnerung an Daniels Gespräch mit Sefi auf: Was genau hatte er berichtet? Irgendwas mit Heirat.

„Vielleicht war Nahite verlobt? Weil ihre Tante ihr das
geraten hat? Ein reicher Mann? Der das fehlende Geld
von der Ausländerbehörde ersetzt?"

Zustimmend lächelte Maham sie an. Erstaunen bei den
Erwachsenen und Sefi.

„Nein, nein, das ist nicht Nahite."

Ja, natürlich war das nicht Nahi. „Aber vielleicht um die
Familie zu retten? Damit die Familie keinen Schaden hat?
Sie liebt ihre Familie."

Alle nickten, und Betroffenheit breitete sich in ihren Gesichtern aus. Hatte sich Nahite, ihre geliebte Tochter,
wirklich verlobt, um der Familie das Geld zu sichern? Und

war dann verschwunden, weil sie den Mann eigentlich nicht wollte?

Schockstarre lähmte Ev. Sie fühlte sich schuldig.

Hilfe, was hat Nahi alles mit sich allein ausmachen müssen? Und ich war nur mit mir beschäftigt. Mit mir und Mama. Oder vielleicht - hoffentlich! - wusste NaNe Bescheid? Wahrscheinlich. Denn der Fluchtplan klingt eigentlich eher nach NaNe …

Sie konnte nicht weiterdenken, weil Maham von ihrem Schoß rutschte.

„Durchgestrichener Mann in Nahites Bett. Komm."

Sie fasste Evs Hand und zog sie das winzige Zimmer, das sie mit ihrer großen Schwester teilte. Kopfschüttelnd folgten die Eltern und Sefi.

Maham fummelte im Bettbezug, und dann förderten ihre Finger ein Foto zutage. Ein älterer Herr mit grauen Schläfen, gut gekleidet und mit einem Brillantring am Finger. Mit schwarzem Filzstift war ein dicker Strich durch sein Gesicht gezogen.

Nahis Mutter hielt die Luft an, und ihr Mann legte ihr fürsorglich die Hand auf die Schulter. Er redete schnell, offensichtlich nicht nur aufgeregt, sondern wütend. Nahis Mutter nickte. Sefi erklärte:

„Wir kennen Mann. Ist Bekannter von Tante. Papa ruft jetzt Tante an."

Ev verabschiedete sich schnell.

Im Flur zog sie Maham kurz an sich heran. „Gut gemacht", flüsterte sie. „Super."

Maham strahlte. Und Ev wunderte sich nicht, dass Kinder so klug sein konnten. Vielmehr fühlte sie eine tiefe Sehnsucht in sich.

***

Auch der Brand in der Gemeinschaftsunterkunft überzeugte die Polizei nicht.

Ein Dummer-Jungen-Streich. Sah man ja schon an den
drei Gestalten auf dem Bürgersteig, die Tobi fotografiert
hatte. Jugendliche. Sie hatten – sagen wir mal: aus
Übermut oder vielleicht auch weil sie von Erwachsenen
angestachelt worden waren – Mülltonnen vor der Gemeinschaftsunterkunft angezündet. Natürlich hatten sie
nicht daran gedacht, dass etwas Ernsthaftes passieren
könnte. Steinwürfe? Na ja. Vielleicht. Vielleicht hatten
sich Samson und Noah auch aus anderen Gründen verletzt. Welche? Na ja, vielleicht waren sie einfach gestolpert, als sie vom Brandherd wegrannten.

Spontan erstattete Evs empörter Papa Strafanzeige gegen Unbekannt und gegen die Polizei. Eigentlich hatte er
nur Noah, Mizan und Samson unterstützend begleiten
wollen bei ihren Aussagen vor der Polizei. Aber diese
offizielle Unwilligkeit, die Fakten anzuerkennen, raubte
ihm den Atem. „Ja, ich erstatte Anzeige. Sofort!"
Seufzend nahm die junge Polizistin, die schon die an Ev
gerichteten Drohmails bearbeitet hatte, die Anzeige entgegen. Dann befragte sie Noah, Mizan und Samson persönlich, schrieb die Personalien der drei Betroffenen auf
und klebte Tobis Aufnahmen in die Akte.

Brigitte und die Opas schickten 33 erhobene Daumen, als
Ev ihnen dies berichtete. Papa lächelte – seit langem
wieder, und Ev fühlte sich erleichtert.

Auch Evs Mama äußerte in einer Handynachricht Bewunderung. Aber: Woher wusste sie das alles? War die
deutsche Reisegruppe in Spanien inzwischen mit ihr zu-
sammengetroffen? Beschämt musste Ev sich eingestehen, dass sie schon seit einiger Zeit keinen regelmäßigen

Kontakt zu ihrer Mutter pflegte. Hier war einfach zu viel passiert.

Der Zeitungs-Kollege vor Ort, dem Tobis Mutter alle Unterlagen gegeben hatte, recherchierte ausgezeichnet und veröffentlichte seine Ergebnisse in mehreren Zeitungsartikeln, so dass die Ausländerbehörde Frau Cösemann vom Dienst suspendierte. Eine Untersuchung wurde eingeleitet.
Dieses Mal gingen die 33 erhobenen Daumen an Tobis Mutter. Der war richtig stolz auf sie.

Ev schickte einen kurzen Bericht von ihre Besuchen bei Nahis Familie und NaNes Mutter an Brigitte und die Opas.
Auch leitete sie eine Nachricht von NaNes Mutter weiter: „Ev, du hast Recht. Wir Erwachsene denken zu wenig nach. Natürlich soll NaNe alleine entscheiden, ob ihr Vater das Sorgerecht behält. Bitte, sag ihr das."
Auch sie bekam 33 Daumen.
Super, dachte sie ironisch, *sogar ich!*
Trotzdem fühlte sie sich sehr zufrieden.
Und richtig glücklich war sie über Opa Manfreds Nachricht: „Die jungen Damen gratulieren dir. Sie sind – wie sagt man auf Neudeutsch? – happy. Vielleicht können sie bald zurückkommen."
Drei Herzchen und drei strahlende Sonnen begleiteten diese Botschaft, und Ev konnte nicht anders als fröhlich in sich hinein zu lächeln.
Und sie konnte nicht verhindern, dass ihre Finger dies schnell an Noah weiterleiteten.

27 Showdown

Natürlich war ihr heutiges Vorhaben gut vorbereitet.
Am vergangenen Sonntag hatten Elisa und Tom mit mehreren anderen S4N-Mitgliedern eine Fahrradtour unternommen, wie man das halt bei schönem Frühlingswetter so macht. Es gab bezaubernde Motive aus der erblühten Natur für die Homepage von „Blogging for Nature". Entsprechend wurde vielfältig fotografiert. Auch als sie von einer Straßensperre gestoppt wurden: „Hier erreichen Sie die befreite Zone von Großlützenburg."
Hinter der Sperre drei bunte Fahnen und ein geschnitztes Schild mit Rittern, gekreuzten Schwertern und einem Drachen: Republik Großlützenburg.
Offensichtlich war der Sperrbalken leicht zu bedienen –
Toms lachendes Gesicht und seine Hände, die an einer Kette zogen, waren auf den Fotos gut erkennbar.
Leider ebenso gut erkennbar waren Erwachsene und Jugendliche, die sich mit Mistgabeln und Sensen näherten und überhaupt keine lachenden Gesichter zeigten. Sondern sehr wutverzerrte.

***

„Ist das überhaupt zulässig? Ich meine, darf man in Deutschland einfach ein Gebiet absperren und keine Leute darauf lassen?"
Tobis Mutter fand: Nein. Sie schaute sich die Fotos genau an.
„Hör zu, Tobi, das hier ist nicht ungefährlich. Glaub mir, mit sowas kenne ich mich aus."

Tobi erinnerte sich an die Verwandlung seiner Mutter vor der brennenden Gemeinschaftsunterkunft, und er glaubte ihr sofort.

Dennoch.

„Was sollen wir denn sonst tun? Was tust du denn, wenn du einer Ungerechtigkeit auf der Spur bist? Du gibst doch auch nicht auf – oder? Also. Wir werden es auch nicht tun."

Sie seufzte und verkniff sich den Spruch, dass Tobi und seine Freunde ja noch so jung und unerfahren seien.

Stattdessen zählte sie auf: „Unsere Rückversicherungen sind vielfältig, ich meine, wir sichern uns mehrfach ab. Erstens …"

Tobi hörte genau zu.

***

Ja, selbstverständlich würden sie heute vorsichtig sein. Sehr sogar.

Nicht nur, weil die Erwachsenen dies anmahnten.

Nein, weil sie wussten, dass dies ihre letzte Chance war.

Daher sie hatten verschiedene Posten strategisch klug verteilt. Fanden sie jedenfalls.

***

Gerade als Daniel zur „Aktion: letzte Chance" starten wollte, erschien Sefi, der sofort lossprudelte: „Papa und Mama sind wieder nach Stuttgart gefahren. Natürlich mit Baby und Maham. Maham will durchgestrichenen Mann sehen. In echt." Er grinste.

Als Ev, die mit Daniel verabredet war, ihr Fahrrad kurz vor ihm stoppte, nickte er ihr zu und fuhr fort: „Mama und Papa kennen durchgestrichenen Mann. Sie wollen

mit Tante und Mann sprechen. Warum soll Nahite heiraten? Lieber weniger Geld!"
Ev jubilierte; das war eine Superbotschaft für die Reisegruppe in Spanien. Vielleicht bewog schon das Nahi zu einer schnellen Rückkehr? Ihre Finger juckten, weil sie schnell diese gute Nachricht tippen wollten.

Aber momentan war die Aktion wichtiger. Eigentlich war sie nicht mit Sefi geplant. Doch der ließ sich nicht abschütteln. Okay. Das war eine Unwägbarkeit. Wie hatte Tobis Mutter gewarnt? „Ihr müsst mit Unvorhergesehenem rechnen." Nun gut. Wenn Sefi das einzige Unvorhersehbare war, dann würde es wohl kaum Probleme geben.

***

Sie kamen auf verschiedenen Wegen; aber etwa einen Kilometer vor Großlützenburg trafen sie sich im Wald. Daniel, Ev als Team 1 (mit unvorhergesehenem Sefi) und Team 2: Tobi, Elisa und Tom. Das dritte Team wartete vor Ort. Auch das Backup-Team meldete, dass es seinen Platz eingenommen hatte.

Soweit lief alles nach Plan. Ab jetzt mussten sie spontan handeln, je nach Situation. Gerade als sie über das weitere Vorgehen verständigten, wurden sie durch peitschende Geräusche aufgeschreckt
Was war das?
Sie konnten den Lärm nicht einordnen, aber ein Blick auf Sefi, der sich beinahe panisch zusammenkrümmte und hinter einem Baum Schutz suchte, ließ sie das Richtige vermuten.
Gewehre? Pistolen?

Wie sollten sie das unterscheiden? Auf jeden Fall: Schusswaffen.

Schnell teilten sie sich auf. Team 1, verstärkt durch Tobi, würde die Schießenden umzingeln. Team 2 sollte so schnell wie möglich im Ort recherchieren.

***

Team 3 war im Ort vor der Polizeiwache postiert. Scheinbar völlig entspannt hatte Noah auf einer Bank seine Beine übereinander geschlagen und schleckte ein Eis. Immer wieder warf er einen Blick auf sein neben ihm liegendes Handy.

Aber meist lauschte er der Musik vom Kriegerdenkmal. Dort saßen Mizan und Samson auf der Mauer. Vor ihnen stand ein kleines Kästchen und ein Schild: „Für die Tafel". Samsons Gitarre zupfte mal melancholische, mal draufgängerische Gospel-Klänge - Trauer und Freiheitswünsche - die Mizans sympathische Stimme in Lieder umwandelte. Immer wieder nickten beide lächelnd den Menschen zu, die etwas Geld in das kleine Kästchen warfen.

Wer länger und genauer hinschaute, konnte Handys neben ihnen entdecken und erkennen, dass beide diese häufig sorgenvoll in den Blick nahmen.

Noah seufzte, leckte automatisch an seinem Eis und verbot sich, seine Gedanken zu Ev wandern zu lassen.

***

Ev, Tobi, der nun zu Team 1 gehörte, und Daniel hatten einen aufgewühlten Sefi in ihre Mitte genommen. Aber eigentlich war es Sefi, der sie lenkte. Instinktiv fand er den Weg zu den Schüssen, obwohl er – das war offensichtlich – eigentlich Angst hatte.

„No – das sind keine pistols", flüsterte er, „ but guns. Heckler und Koch. Sturmgewehr."

Er schüttelte sich, und Ev fragte sich entsetzt, was der Junge in Afghanistan alles erlebt haben musste. Offensichtlich nichts Gutes, denn sein Gesicht wirkte plötzlich alt.

Trotzdem führte er sie weiter; dabei blieb er alle zwanzig Schritte stehen und witterte nach allen Seiten. Wie ein vorsichtiges Tier, fand Ev.

Etwa einhundert Meter vor dem Schussort stoppte er und zog sein Handy. „Hier Deutschland", sagte er, „hier hilft Polizei."

Er tippte die 112 in sein Display, aber drückte nicht auf die Wähltaste. Noch nicht.

„Go!", sagte er. „Wenn Problem, ich drücke Polizei."

Ev, Daniel und Tobi nickten sich zu. Ja, sie vertrauten Sefi. Offensichtlich hatte er viel mehr Erfahrungen als sie.

Ev zeigte Sefi den erhobenen Daumen. „Wenn ich schreie, drück die Taste!" Sefi nickte. Dann schlichen sie sich vorsichtig vorwärts.

***

Enttäuscht nahm Evs Vater zur Kenntnis, dass seine Tochter nicht zu Hause war. Schade. Gerade jetzt, als er Mut gefasst hatte, mit ihr über Imke und die Zukunft zu sprechen. Gab es einen Grund für ihre Abwesenheit? Hatte er etwas verpasst?

Er kontrollierte seine Nachrichten. Schocksteif richtete er sich auf. Was war das?

„Sind im Prepper-Dorf. Großlützenburg. Nicht einfach. Bitte ruf notfalls Polizei, wenn ich es sage!"

***

Langsam näherten sich die Vier dem peitschenden Lärm
- bereit, jederzeit den Rückzug anzutreten.
Das war nicht nötig.
Die Schießenden waren vollkommen in ihre Übungen
vertieft. Überwiegend Jugendliche, auch einige Kinder,
die unter der Anleitung von zwei Männern auf große
Pappfiguren zielten. Drei der Jungen kamen ihnen bekannt vor.
„Oh nein!", flüsterte Tobi und fingerte an seiner kompliziert aussehenden Kamera herum.
„Was?" Daniels Stimme wirkte entsetzt. „Sie schießen
auf die Bundeskanzlerin? Und den Bundespräsidenten?
Und die Parteivorsitzenden?"
Tobi nickte entgeistert, hob seine Kamera vor die Augen,
stolperte und stürzte in eine Vertiefung. Mist!
Glücklicherweise konnte er aufstehen, nur sein Knöchel
schmerzte ein bisschen. Auch die Kamera war in Ordnung. Allerdings fehlte der Deckel für das Objektiv. Er
machte den anderen Zeichen, dass sie weitergehen sollten, und streckte drei Finger in die Luft. Drei. In drei Sekunden würde er folgen.
Daniel nickte und schlich weiter, dicht gefolgt von Ev.
Hochkonzentriert richtete sie ihre Handykamera auf die
ihr bekannten Schießenden: August, Karl und Emil. Dann
auf deren Zielscheiben. Und sie zoomte die Gewehre
heran.
Anschließend fand ihr Handy ein Loch im Boden. Darin
Verschiedenes: Schusswaffen, Schlagwaffen, Messer.
Wieder zoomte sie. Als sie kreischende Stimmen hörte,
wählte sie schnell den Gruppen-Empfänger, an den sie
ihre Bilder schicken wollte.

Gerade rechtzeitig, bevor sie einen Tritt gegen den Arm erhielt. Ihr Handy flog in hohem Bogen durch die Luft. Sie spürte einen stechenden Schmerz. Dann schrie sie.

***

Elisa und Tom hatten beschlossen, als normale Touristen aufzutreten. Auch wenn Großlützenburg keine Touristen wollte – woher sollten sie das wissen?
Sie fanden: Der Schlagbaum und die Wappen waren ein toller Marketing-Gag, der super auf Großlützenburg aufmerksam machte.
Entsprechend verhielten sie sich als hochinteressierte Touristen, die selbstverständlich eine Menge Fotos schossen.
Mürrischen oder sogar ablehnenden Einwohnern winkte Elisa locker zu.
„Schön habt ihr es hier! Und so eine tolle Werbung: Der Schlagbaum! Das Schild und die Fahnen! Wie viele Touristen sind seitdem zusätzlich gekommen? Echt Super-Idee!"
Trotz ihrer scheinbar äußerlichen Entspanntheit nahm Elisa die Ablehnung der Einwohner klar wahr. Drohend näherten sich einige - angeführt von einer aggressiven Frau mittleren Alters, die ihr irgendwie bekannt vorkam.
Genauso erging es Tom. Von außen betrachtet, war er nur ein Verliebter, der seine Freundin filmte.
Aber: „Achtung, pass auf!", murmelte er. „ Mit dieser Frau ist nicht zu spaßen. Hier ist die absolute Grenze. Umschlagpunkt zur Gewalt."
Zustimmend nickte Elisa und verabschiedete sich scheinbar harmlos von den Näherkommenden: „Tja, echt, wirklich schön bei euch. Aber leider haben wir noch

einen unendlich langen Rückweg nach Hause. Sorry, wir müssen jetzt los. Ciao!"

Tom wusste nicht, ob es ihm gelang, das kollektive Erleichterungsstöhnen aufzunehmen.

Ehrlich gesagt, es war auch egal.

Wichtig war, dass sie beide die Höhle des Löwen ohne Probleme überstanden. Er legte seinen Arm um seine Freundin und flüsterte ihr scheinbar verliebt ins Ohr.

„Nicht umdrehen, einfach gehen. Zum Dorfausgang."

Elisa nickte.

Als sie sich eng an Tom kuschelte, hob sie ihr Handy, anscheinend um ein Touristen-Selfie vor dem Wappen mit dem Schlagbaum zu machen. Dann drückte sie auf Video, hob das Handy ein bisschen höher und schwenkte es vorsichtig nach rechts und links. Die Einwohner, die ihnen folgten, kamen in den Fokus. Allen voran die Frau.

***

Schlagartig veränderte sich die entspannte Stimmung auf dem Platz vor dem Polizeigebäude, als die Handys die Ankunft neuer Nachrichten signalisierten.

Ein kurzer Blick auf das Display ließ Noah aufspringen.

„Plan 2!", stieß er zwischen zusammengepressten Zähnen hervor und seine Hand wirbelte hin und her: „Schnell!"

Aber Mizan und Samson waren schon vor ihm am Eingang der Polizeistation und wurden gerade abgewiesen.

„He, was wollt ihr? Keine Straßenmusikanten im Revier! Draußen bleiben!"

Da schob Noah dem Polizisten sein Handy unter die Augen. „Wir melden einen Notfall. Schießerei. In Großlützenburg!"

Verdutzt gab der Polizist den Weg frei, und auch Mizan und Samson zückten ihre Handys. Jedem, der sie aufhalten wollten, zeigten sie Evs Video.

„Notfall. Schießerei. Großlützenburg." Und Noah fügte hinzu: „Schwere Kriminalität. Waffenlager!"

***

Es dauerte länger als drei Sekunden, bis Tobi endlich seinen Objektivdeckel gefunden hatte.

Er hing an etwas, das wie eine Öse aussah oder wie ein verbogener Haken. Jedenfalls etwas Künstliches in dieser Naturlandschaft. Seltsam. Welche Bedeutung hatte das Ding? Neugierig zog Tobi daran, und vor ihm verschwand langsam der Waldboden.

Wahnsinn! Moderne Gewehre, Pistolen, Messer lagen wohlgeordnet in Reihen neben mittelalterlichen Helmen, Kettenhemden und Schilden, dazwischen Patronen und Taschenlampen. Unwillkürlich hob Tobi seine Kamera und fotografierte schnell. Dann bewegte er wieder den Hebel, und schon schob sich der Waldboden zurück. Unglaublich!

Er hatte eine außergewöhnliche Entdeckung gemacht, auch wenn er nicht wusste, wie das alles genau funktionierte. Das konnte er später herausfinden. Jetzt musste er schnell seinen Freunden helfen.

Ein Schrei ließ ihn erstarren. Vorsichtig sank er vorsichtig auf seine Knie zurück und versuchte durch die Büsche zu spähen.

Ev lag am Boden, ein Junge kniete auf ihrem Rücken und drückte ihren Kopf nach unten, zwei andere suchten systematisch die Erde um sie herum ab. Daniel stand mit erhobenen Händen zehn Meter entfernt. Ein Mann zielte mit einem Gewehr auf ihn. Ein anderer legte fast zärtlich die Gewehre in das Loch zurück und schickte die Kinder und restlichen Jugendlichen fort.

Tobis zitternde Hände drückten eine Taste auf seinem Handy. „Los", flüsterte er, „sofort. Höchste Gefahr. Go, Mama, go!"

Dann tat er das, was seine Aufgabe war. Er filmte. Vorsichtig durch die Büsche. Tief am Boden. Sozusagen aus Froschperspektive. Denn ihn sollten die Verrückten nicht auch noch erwischen!

***

In der Polizeistation befand sich der diensthabende Polizist im absoluten Stress.

Zuerst war dieser Anruf zu ihm durchgestellt worden. Eine Jungenstimme. Ausländischer Akzent.

„Hilfe. Hier Schießen. Großlützenburg. Im Wald. Mädchen wird bedroht. Ist Zeugin, hat gefilmt. Wird bedroht. Nun auch Junge. Mann zielt mit Gewehr auf ihn. Schnell. Wir brauchen Hilfe. Sofort."

Er hatte das für einen schlechten Scherz gehalten. Warum sollte im Großlützenburger Wald geschossen werden? Aber seine Kollegin hob zweifelnd die Augenbrauen, als ob sie einen Einwand hätte.

Doch bevor sie etwas sagen konnte, wurde die Tür aufgerissen. Drei Jugendliche oder junge Erwachsene: ein Weißer, männlich; zwei Farbige, männlich und weiblich. Sie stürmten hinein, redeten aufgeregt und zeigten Handyvideos.

„Langsam, langsam!" Der Polizist hob mahnend seine Hände. „Was soll das? Wie – Notfall? Im Großlützenburger Wald? – Sind denn jetzt alle verrückt geworden?"

Seine Stimme schwoll bedrohlich an, aber er schob das

Handy, das ihm der junge Weiße zeigte, nicht weg. Was er sah, war unglaublich. Fake?

„Das müssen wir in jedem Fall in Ruhe untersuchen!"
Seine Kollegin betrachtete ebenfalls die Videos, die ihr die beiden Farbigen zeigten. „Mizan, Samson, woher habt ihr das?" Wieso wusste sie die Namen? Kannte sie die beiden?

Auf jeden Fall – das alles musste geklärt werden. Aber nicht unter Stress.

„Ihr geht jetzt erstmal – ich meine, Sie gehen jetzt erstmal nach Hause. Wir klären das alles in Ruhe ab. Wir melden uns."

Da rastete der junge Weiße aus. „Hey, das ist ein Notfall! Unsere Freunde haben dies gerade gefilmt und werden jetzt bedroht. Jetzt! Aktuell! Die Polizei muss sofort hin. Handeln Sie auf der Stelle! Lösen Sie den Alarm aus!"
Er drückte dem Polizisten dessen eigenes Telefon in die Hand: „Schnell! Schicken Sie mehrere Streifen dorthin! Es geht um Leben um Tod!"

„Nicht so dramatisch, junger Mann…" .
Da wurde der Polizist durch seine Kollegin unterbrochen. Sie beantwortete lautstark einen Anruf.

„Ja? Oh guten Tag, Herr Dr. Mensing. Was? Ihre Tochter ist im Großlützenburger Wald? Und hat eine Videobotschaft geschickt? Von Schießübungen? Und einem Waffenlager? Sie hat das gefilmt. Ja. Sie ist deshalb in Gefahr. Hm. Denn sie antwortet nicht mehr auf Ihre Anrufe. Verstehe."

Pause. Die Polizistin versuchte mit ihrem Chef einen Augenkontakt herzustellen. „Nein, nein, nicht nötig, Herr Dr. Mensing. Wir kennen das Video."

Wieder Pause. „Woher? Offenbar hat Ihre Tochter es an mehrere verschickt. Mizan und Samson sind hier. Noah auch."

Mit einem kurzen Blick auf ihren fassungslosen Chef traf sie die Entscheidung: „Wir schicken sofort mehrere Streifenwagen."

Erleichtert sackte Noah in sich zusammen und wischte sich heimlich eine Träne aus dem Auge. Mizan und Samson vollführten einen kurzen Freudentanz und klatschen sich dann ab.

***

„Halt, hör auf! Lass sie in Ruhe!" Daniel machte einen schnellen Schritt auf den Jungen zu, der auf Evs Rücken kniete. Sofort stoppten ihn zwei Schüsse.

Im Display konnte Tobi deutlich erkennen, wie Kugeln kurz vor Daniels Füßen einschlugen. *Hoffentlich kommt das auch im Video so klar rüber*, dachte er und wunderte sich über sich selbst. Seine Hände zitterten nicht mehr. Natürlich hätte er sich am liebsten außer Gefahr gebracht. Aber etwas hielt ihn zurück.

Nein, nicht nur die Solidarität mit seinen Freunden. Er fühlte auch eine Faszination. Die Begeisterung darüber, ein schlimmes Geheimnis aufzuklären, die Öffentlichkeit zu informieren, Gerechtigkeit herzustellen.

War es dieses Gefühl, das Mama immer wieder an gefährlichen Orten recherchieren ließ?

„Lasst den Scheiß!" Daniels schrille Stimme holte ihn in die Gegenwart zurück. „ Was denkt ihr denn? Die Aufnahmen sind längst verschickt. Die Polizei wird gleich hier sein. Egal, ob ihr das Handy findet oder nicht."

Evs Kopf nickte heftige Zustimmung. Und irgendwo aus dem Off kam eine Stimme. „Ja, Polizei ist informiert. Kommt sofort."

Sefi. Wo war er? Tobi konnte ihn nicht entdecken, aber offensichtlich gelang das auch den anderen nicht.

Die Männer und die Jungen wurden nervös. Anscheinend gab es noch mehr Zeugen ihrer Aktivitäten – nicht nur dieses Mädchen und diesen Jungen. Kurz überlegte der Mann mit dem Gewehr. Dann zeigte er mit dem Daumen in die Richtung des Dorfes. „Geht zurück. Warnt alle. Sicherheitshalber. Das hier schaffe ich auch allein!"

Als die Jugendlichen und der andere Mann verschwunden waren, stieß grob den Lauf des Gewehrs in Evs Rücken. „Steh auf. Stell dich zu deinem Freund da!"

***

Toms Arm um Elisas Schulter lockerte sich. Sie hatten etwa fünfzig Meter Abstand zwischen sich und ihre Verfolger gelegt, und die gingen nach und nach ins Dorf zurück.

Langsam legte sich die Spannung, und die beiden plauderten fast normal miteinander, als es passierte. Drei Gestalten erschienen urplötzlich am Waldrand und gestikulierten wild.

Die Anführerin der Verfolger stoppte und lief den Jungen entgegen. Dem Kleinsten strich sie über den Kopf, während die Großen atemlos lossprudelten. *Spione. Daniel. Handballverein. Der mit dem Video. Polizei kommt vielleicht.*

Bösartig schrie die Frau hinter Tom und Elisa her: „Von wegen Touristen! Gemeine Verräter seid ihr! Aber wir kriegen euch!"

Frau Cösemann!

An ihrer Stimme und dem heimtückischen Blick erkannten Tom und Elisa sie. War sie die Mutter von Karl, August und Emil? Offensichtlich.

„Das erklärt natürlich, warum …"

Tom kam nicht weiter. Mehrere Motorräder brausten auf sie zu. Anscheinend war das Dorf gewarnt worden.

Die Motorräder kreisten sie ein. Frau Cösemann und ihre Anhänger kamen näher. Elisa und Tom drückten Handytasten, aber: Wie schnell würde das Backup-Team sein?

Am Horizont tauchten weitere Verfolger auf mit Mistgabeln, Sensen, Messern.

***

Ev stand neben Daniel und versuchte nicht zu zittern. Sie konzentrierte sich auf ihre Umgebung. Keine Bewegung. Keine Spur von Tobi, auch nicht von Sefi.

Das ist ein gutes Zeichen! Sie straffte optimistisch ihren Rücken.

Doch offensichtlich fand das auch der Mann mit dem Gewehr. Er grinste hämisch: „Na, eure Feiglings-Freunde sind wohl abgehauen? Nun seid ihr hier allein!" Sadismus breitete sich auf seinem Gesicht aus. „Ihr seid in meiner Gewalt. Ich. Ganz allein mit euch."

Hart stieß er sein Gewehr abwechselnd in Evs und Daniels Rücken.

„Das ist erst der Anfang. Nun können wir viel Spaß miteinander haben."

Er drückte beide auf den Boden. „Hey", sagte er. „Ihr habt nichts gesehen. Oder? Etwa doch?"

Als beide nicht antworteten, gab er zwei Schüsse ab.

Haarscharf pfiffen sie an Daniels und Evs Ohren vorbei und beide zuckten ängstlich zusammen.

Höhnisches Lachen. „Ach, haben unsere beiden Helden nun Angst? Davon kann es noch mehr geben!" Wieder hob er das Gewehr.

„Polizei hat mein GPS. Ist gleich hier. Du hast keine Chance!"

Sefis Stimme! Irgendwo aus den Zweigen.

Tobis Kamera konnte ihn im Gewirr der Blätter nicht erkennen, aber unglücklicherweise suchte ihn auch der Mann mit dem Gewehr. „Du Ratte", entfuhr es ihm. „Wo bist du, du Schwein?"

Ziellos feuerte er in die Zweige. Sefis hysterisches Lachen war entnervend. „Du kriegst mich nicht!"

Viele Äste wackelten, und als Tobi mit seiner linken Hand einen Stein warf und weitere Blätter zitterten, wurde ein mögliches Ziel für den Schützen noch unklarer.

Unschlüssig standen Daniel und Ev auf, als Sefi schrie: „Haut ab! Tobi und ich machen das hier! Und Polizei kommt gleich!"

Nervös zielte der Mann mit dem Gewehr in verschiedene Richtungen. Aber als Daniel und Ev wegzurennen versuchten, konzentrierte er sich. Er richtete seine Schusswaffe auf Evs Kopf: „Macht nichts Falsches – sonst ist sie tot!"

Automatisch hob Ev ihre Hände über den Kopf, und Daniel flüsterte tonlos: „Bitte, nein!"

Die Äste erschienen bewegungslos, aber Sefis Stimme klang klar durch die Blätter. „Polizei gleich hier. Hat mein GPS. Nur noch 300 Meter. Kein Problem. Polizei gleich hier."

Da verlor der Mann mit dem Gewehr die Nerven. Ziellos bewegte er sich und ballerte in die Zweige. Als er unter dem Baum ankam, in dem Tobi Sefi vermutete, stoppte er.

„Polizei gleich hier!" Sefi wiederholte dies laut und selbstsicher. Das Gewehr hob sich und zielte in die Blätter. Da sprang Sefi.

***

Frau Cösemann schob Emil, August und Karl in den Kreis, den die Motorräder gebildet hatten.
„Hier", sagte sie, „das sind meine Jungs. Brave Kerle. Aber ihr habt sie bei der Polizei angezeigt." Als Tom und Elisa protestieren wollten, hob sie die Hand: „Egal ob ihr oder eure Freunde. Oder das Ausländerpack. Ihr alle wollt mir meinen Job wegnehmen. Und ihr wollt meinen Jungs schaden. Außerdem: Großlützenburg macht ihr lächerlich. Das soll euch schlecht bekommen."
Je eine schallende Ohrfeige landete auf Elisas und Toms Wange.
Als die sich wehren wollten, zeigten mehrere Mistgabeln auf sie. „Warum so zimperlich? Ihr könnt mehr!"
Frau Cösemanns Stimme klang wie die einer Folterhexe und hatte denselben Effekt. Harte Zacken einer Mistgabel streiften Elisas nackte Arme und hinterließen rote Spuren. Gegen Toms Magen bohrte sich ein Messer.
„Nein!", schrie Elisa, als rote Flüssigkeit unter Toms T-Shirt hervortrat. „Hört sofort auf!"
Sie überlegte einen Augenblick. „Hier nehmt unsere Handys! Wir löschen alles!"
Stille.
Offensichtlich hatte niemand mit den Handys gerechnet.
Als Frau Cösemann sich die Videos anschaute, nahm ihr Gesicht bösartige Züge an. „Ihr Verräter", ihre tonlose Stimme schien die Umstehenden zu alarmieren. „Ihr Hochverräter! Ihr müsst bestraft werden!"

Ihre Finger wühlten sich in Elisas Haare und zogen kräftig. Als Elisa schrie, grinste Frau Cösemanns Mund boshaft. Ihre Finger zuckten und umklammerten dann ein Büschel von Elisas ausgerissenen Haaren.

Voller Wut und Schmerz grabschte Elisa ihr Handy aus Frau Cösemanns Hand und steckte es in ihre Jeanstasche. Neben sich hörte sie Tom stöhnen. Ein Messer näherte sich seinem Bauch. Außer sich trat Elisa gegen eine Hand und wurde sofort zu Boden gedrückt.

Das war das Ende!

Elisa fühlte, wie sich ihr Hals zuschnürte. Sie versuchte Tom zu streicheln, der bewegungslos neben ihr lag.

„Immerhin sterben wir zusammen", dachte sie matt.

Dann hüllte sich die Welt in blaue Zuckungen und eine Sirene heulte durch Mark und Bein.

***

Als der Gangster das Gewehr hob, schloss Tobi sicherheitshalber seine Augen, filmte aber weiter. Und er lauschte. Ein Plumps. Schritte. Leise Stimmen – drohend. War Sefi getroffen? Eigentlich konnte das nicht sein, denn Tobi hatte keinen Schuss gehört.

Trotz flatternder Augenlider konnte Tobi sehen, wie ein Mann am Boden lag. Der Gangster! Über ihm stand Sefi und bedrohte ihn mit seinem eigenen Gewehr.

Daniel neben ihm hielt wurfbereit einen Stein in der Hand. Ev suchte die Gegend ab. Wonach? Nach ihrem Handy, vermutete Tobi.

Nervös sah er sich um.

Wann kam endlich die Polizei? Oder war alles nur ein Bluff von Sefi? Wussten Ev, Daniel und Sefi, dass die Polizei nicht kommen würde? Hofften sie darauf, die Gegner zu übertölpeln? Und wo blieb das Backup-Team?

Das Blaulicht klebte auf einem Van, hinter dessen Frontscheibe zwei Kameras auf sie gerichtet waren. Mit Wahnsinnsgeschwindigkeit raste das Fahrzeug auf sie zu, so dass Frau Cösemann und einige ihrer Unterstützer zur Seite sprangen. Abrupt stoppte es mit quietschenden Bremsen und noch bevor es zum Stillstand kam, sprang eine Frau mittleren Alters aus der Seitentür. In der rechten Hand hielt sie eine Kamera, in der anderen Hand schwenkte sie einen Ausweis: „Presse!"
Erleichtert atmete Tom tief durch: Tobis Mutter!
Geistesgegenwärtig nutzte Elisa den Überraschungsmoment, sprang in Windeseile auf und zog Tom auf die Beine.
„Hier!" Anklagend deutete sie auf Toms Bauch und dann auf einen jungen Mann. „Der Typ da hat ihn verletzt. Mit einem Messer. Muss hier irgendwo liegen." Die Kamera schwenkte von Toms Bauch auf das Gesicht des Jugendlichen und dann auf den Boden.
Elisa nickte zufrieden. „Und die da, das ist Frau Cösemann. Von der Ausländerbehörde."
Die Kamera zuckte kurz und fokussierte sich dann auf die Frau. „Hier, sie hat mir Haare ausgerissen. Und uns massiv bedroht. Sie hat …".
Jemand stieß sie hart in den Rücken. Sie schwankte, aber Tom fing sie sofort auf. Ihr Fuß trat auf einen schmalen spitzen Gegenstand. Das Messer? Sicherheitshalber ließ sie ihren Fuß stehen und zog Tom zu sich heran.
Inzwischen bildete sich ein Ring von Dorfbewohnern um sie, der sich drohend immer enger zusammenzog. Was wollten sie?

Und was zum Teufel planten die drei Jungen, die sich auf einen Wink ihrer Mutter vorsichtig heranschlichen und dabei von den Erwachsenen abgeschirmt wurden?

Elisa fühlte, wie sich Toms Körper anspannte. Sie folgte seinem Blick.

„Hey!", schrie sie. „Achtung! Die Jungs! Vorsicht, die Kamera!"

Sofort warf sich Tom auf den Boden, tauchte blitzschnell unter mehreren Männerbeinen durch und klammerte sich an August, der gerade Tobis Mutter von hinten anspringen wollte.

Da brach das Chaos aus.

Frau Cösemann und einige Männer versuchten Tobis Mutter gewaltsam wegzudrängen, während andere Umstehende klatschten, johlten und einen Sprechgesang anstimmten: „Lügenpresse, Lügenpresse. Lügenpresse!"

Geschickt nutzte Elisa die Unachtsamkeit, hob das Messer rasch vom Boden auf und ließ es unauffällig in ihrer Jackentasche verschwinden. Dann warf sie sich ins Getümmel.

Sie trat um sich, schubste Emil zur Seite und riss Karl heftig an den Haaren. Das bereitete ihr große Genugtuung.

„Hab ich von deiner Mutter gelernt!" Sie grinste zufrieden in sein schmerzerfülltes Gesicht.

Leider nutzte ihr Einsatz nicht viel. Die Menschen um Tobis Mutter wurden aggressiver. Es war nur noch eine Frage von Sekunden, bis Tobis Mutter, Elisa und Tom auf dem Boden liegen würden.

Da startete der Van mit durchdrehendem Motor, hupte ununterbrochen und steuerte direkt auf die Menge zu.

Panikartig stoben einige auseinander.

Sofort öffnete sich eine Tür des Vans und eine Männer-
hand winkte energisch: „Hab alles gefilmt! Kommt rein,
wir fahren!"

Erleichtert nickte Tobis Mutter, aber gerade als sie das
Trittbrett erreichte, rissen harte Hände sie weg. Mit letz-
ter Kraft warf sie ihre Kamera auf den Sitz und knallte die
Tür zu.

„Fahr", rief sie, „bring dich und die Kameras in Sicherheit."

Der Fahrer verschloss sofort die Innenverriegelung, aber
zögerte einen Moment. Als er dann zurücksetzen wollte,
blockierte eine Menschenmenge seinen Weg. Er fuhr
nach vorn, aber sofort versammelten sich auch dort drohende junge Männer.

Mit Schreck sah Elisa, wie Frauen Steine sammelten und
sich ältere Männer mit Mistgabeln näherten. Wie sollten
sie hier rauskommen? Sie waren nur drei; und der Fahrer
müsste Verletzte oder sogar Tote in Kauf nehmen, wenn
er sein Auto frei bekommen wollte.

Tom legte beschützend seinen Arm um sie, aber auch er
konnte das Entsetzen in seinem Gesicht nicht verbergen.

***

Erleichtert hob Ev ihr Handy auf und checkte sofort ihre
Nachrichten. „Von Papa!", rief sie triumphierend. „Er hat
die Polizei alarmiert! Und Noah, Mizan und Samson
auch! Die Streifenwagen sind unterwegs!"

Der Mann senkte scheinbar deprimiert seinen Kopf, aber
er behielt die Jugendlichen genau im Blick.

Eilig gab Tobi sein Versteck auf und hielt seine Kamera
dem Mann direkt unter die Nase. „Hier. Mehrfache Do-
kumentation. Handy und Kamera. Ihr seid überführt!"

Ein Schlag gegen seine Hand, die Kamera flog ins Gras und der Mann war unvermutet flink auf seinen Beinen. Blitzschnell drehte er sich Richtung Dorf, als ihn ein Schuss direkt vor seine Füße stoppte.

Sefi! Woher konnte er so treffsicher zielen? Warum kannte er sich mit einem Gewehr aus?

Nicht nur Ev fragte sich das; aber vor ihrem geistigen Auge tauchten Bilder von Kindersoldaten auf. Hatte Sefi vielleicht früher … war er gezwungen worden … musste er damals … ?

Sie schüttelte den Kopf. Nein, Kindersoldaten kannte sie aus Afrika, nicht aus Afghanistan.

Trotzdem – irgendwie konnte Sefi mit Waffen umgehen. Das verstand auch der Mann sofort. Er hob seine Hände hinter den Nacken. Auf ein Zeichen von Sefi postierten sich Tobi, Daniel und Ev vor ihm und an den Seiten. Keine Chance für einen Ausbruch. „Nun wir gehen auf Straße", bestimmte Sefi ruhig, „damit Polizei uns schneller findet."

***

„Wir kommen hier nicht mehr raus!"

Elisa versuchte Tapferkeit in ihre Stimme zu legen. Schließlich sollte ihre letzte Handybotschaft für diese Welt nicht mutlos klingen.

„Wir stehen hier vor Großlützenburg. Tobis Mutter hat heldenhaft alles gefilmt. Macht guten Gebrauch davon und klagt die Schuldigen an. Wir hoffen, dass der Fahrer mit dem Filmmaterial durchkommt. Nun verabschieden wir uns von euch! Die Mistgabeln kommen näher! Auch Frau Cösemann mit ihren scharfen Krallen! Behaltet uns in guter Erinnerung!"

Elisa drückte auf Senden, und trotz aller Dramatik fühlte sie sich zufrieden, als Frau Cösemann keifend auf sie zu rannte und versuchte, ihr das Mobilphon aus der Hand zu schlagen. Elisa hielt es fest, und als sie spürte, wieviel Kraft ihr Arm eigentlich hatte, haute sie das Handy spontan an Frau Cösemanns Schädel. Die ging zu Boden.

„Achtung!"

Tom riss sie zur Seite, und Emils Füße streiften ihre Hüfte. Mehrere Personen wollten sich gerade auf sie stürzen, als blitzendes Blaulicht, grelle Sirenen und heftige Lautsprecher sie stoppten: „Achtung, Achtung. Hier spricht die Polizei. Legen Sie alle Waffen nieder und heben Sie die Hände in den Nacken!"

Endlich!

28 Rückkehr

Als der Polizeiwagen vor ihrer Haustür stoppte, bemerkte Ev drei Personen oben an der Treppe.

Kaum war sie ausgestiegen, fühlte sie einen Schwall von Wärme um sich und gleichzeitig etwas Nasses, denn Noah umarmte sie. „Ich bin so froh, dass dir nichts passiert ist!" Noah zog sie eng an sich, und sie konnte seine Freudentränen auf ihrer Wange spüren.

Sie bog ihren Kopf etwas zurück, schaute in seine Augen und drückte dann einen festen Kuss auf seinen Mund. Sie wunderte sich selbst über ihren Mut. *Aber wenn man dem Tod ins Auge geschaut hat, weiß man besser, was wirklich wichtig ist!*

„Bitte mehr davon - später!", lächelte Noah, fasste ihre Hand und zog sie die Treppe hinauf.

Papa seufzte vor Erleichterung und konnte nicht mehr aufhören, sie zu streicheln. Die Frau neben ihm sah blass aus und hatte tiefe Ränder unter den Augen. Aber sie drückte Ev fest die Hand und sagte: „Ihr wart unglaublich tapfer. Und klug. Ihr werdet es schaffen, für Gerechtigkeit zu sorgen! - Übrigens: Ich bin Imke!"

Wider Willen musste Ev ironisch grinsen. „Wer hätte das geahnt?" Dann wurde sie ernst. „Ich freue mich, dich kennenzulernen."

***

Die erste Rückkehrerin aus Spanien war Brigitte.

Tobi traf sie zufällig, als er in ihrer Wohnung die Blumen gießen wollte.

„Warum hast du nicht Bescheid gesagt?"

Seine Oma zuckte die Schultern. „Vielleicht, weil ich nicht wusste, wann ich einen Flug bekomme? Vielleicht weil alles noch so unklar ist? Vielleicht weil ich hier in Ruhe die bürokratischen Dinge klären will?"

Dann nahm sie ihn in den Arm und drückte ihm einen Kuss auf die Stirn. „Ihr wart fabelhaft. Ohne euch könnten Nahite und Naomi-Nele nicht zurück. Das ist nun möglich. Aber leider, wie gesagt, zuerst muss die Bürokratie …".

Ihre Stimme versandete.

„Wie geht es ihr? Wann kommt sie?" Tobis Stimme überschlug sich vor Aufregung.

Seine Oma schob ihn in einen Sessel. Sie bemühte sich um Sachlichkeit. „Sie kommt, wenn die Bürokratie klappt. Ich muss ihre Pässe nach Spanien bringen, damit sie mit gültigen Ausweispapieren in Deutschland einreisen können. Kein Problem. Die hab ich schon."

Sie griff neben sich und schwenkte zwei Dokumente.

„Aber?" Tobi erahnte Schwierigkeiten.

Brigitte seufzte: „Nahite hat Deutschland ohne offizielle Genehmigung verlassen. Eigentlich darf sie deshalb nicht mehr einreisen. Aber die Ausländerbehörde hier kann eine Ausnahme machen. Dank eurer Recherchen über Frau Cösemann und dank der Presseberichte deiner Mutter müsste es klappen." Sie nickte zuversichtlich.

„Was deine erste Frage betrifft: Es geht ihr gut. Ich soll dir etwas geben."

Etwas mühsam hievte sie sich aus ihrem Sessel und murmelte etwas von „viel zu gutes spanisches Essen". Tobi vermied es, ihre Figur zu betrachten. Vielmehr ließen seine Augen ihre Finger nicht los, die am Seitenreißverschluss einer Reisetasche zerrten und dann im Inneren verschwanden. Eine kleine Schachtel kam zum Vorschein, nett verpackt mit gelber Schleife.

„Bitte schön!" Mit einer kleinen Verbeugung überreichte Oma ihm das Geschenk.

Er verbeugte sich formvollendet zurück, um seine Gefühle zu verbergen. Ein Geschenk für ihn! Von Nahi!

Es ging ihr also gut. Und sie dachte an ihn.

Er schluckte kurz, dann öffnete er vorsichtig die Schachtel. Ein silberner Ring! Schlicht, aber mit irgendwelchen Zeichen verziert. Nein, nicht mit irgendwelchen Zeichen, sondern mit Buchstaben, mit arabischen Buchstaben.

„Was bedeutet das?", fragte er atemlos, als er sich den Ring über den Finger streifte. Oma lächelte geheimnisvoll: „Das musst du sie schon selber fragen."

Sie trank einen Schluck Wein und bemerkte dann beiläufig: „Wenn ich mich recht erinnere, trägt sie jetzt genauso einen Ring. Allerdings am Mittelfinger. Da sieht er besonders hübsch aus."

Ein Glücksgefühl durchströmte Tobi.

**

Die nächste Rückkehrerin aus Spanien war Evs Mutter und sie hatte ihre genaue Ankunftszeit mitgeteilt. Erwartete sie, dass Ev sie am Flughafen traf?

Papa fand: ja. Er bot an, als mögliche Stütze im Hintergrund zu stehen. Ev überlegte einen Moment. Warum eigentlich nicht? Je eher Klarheit herrschte, umso besser.

„Okay. Aber dann mit Imke. Sie soll dich beim Backup unterstützen."

Fassungslos starrte ihr Vater sie an.

„Mama soll sehen, dass ich Bescheid weiß. Und dass ich keine Lügen mehr will."

Als ihr Vater widerstrebend nickte, fügte sie versöhnlich hinzu: „Natürlich nur, wenn Imke Zeit hat und es will. Das ist doch klar."

Wer auf jeden Fall Zeit hatte und dabei sein wollte, war Noah.

Sie hatte kaum von der Ankunftszeit ihrer Mutter berichtet, sprudelte es aus ihm heraus: „Ich bin auch da. Im Hintergrund. Als Tourist. Oder als Eisverkäufer. Oder ... was du willst."

Seit der spontanen Umarmung und Evs Kuss auf seine Lippen hatten sie sich nicht mehr allein getroffen. Immer wieder musste Ev an diese Szene und die warmen Gefühle zurückdenken. Ging es Noah genauso? Oder hatte er damals nur aus Erleichterung gehandelt und danach alles vergessen?

Nein, entschied Ev gegen ihr zweifelndes Gehirn. *Er hat auch etwas gefühlt. Sonst käme er jetzt nicht mit mir zum Flughafen.*

Deshalb sagte sie vorsichtig: „Hm. Du könntest ja neben mir stehen. Sozusagen als Teammitglied von S4N. Oder als guter Freund. Sozusagen."

Erleichterung ließ Noahs Augen strahlen. „Nicht sozusagen. Sondern: wirklich. Als guter Freund. Als sehr guter Freund!"

Nun stand er neben ihr im Ankunftscenter in Terminal 1. Nah, sehr nah. Als sie ihn anlächelte, schauten seine braunen Augen so intensiv in ihre, dass sie fast vergaß, warum sie eigentlich hier war.

Widerwillig riss sie sich von seinem Blick los und beobachtete die Umgebung. Papa studierte einen Zeitungsständer. Imke neben ihm betrachtete die Auslagen einer Parfümerie. Keine zwei Meter entfernt - nein, das konnte nicht sein! Frau Kleinschmitt! Ev fühlte ein Gefühl der Übelkeit in sich aufsteigen.

Unkontrolliert stieß sie Noah in die Rippen. Überrascht schaute er kurz auf und pfiff dann kurz durch die Zähne. „Ist das nicht die Frau, die dich bei der Tafel … ?"

Ev nickte.

Dann geschah es.

Diese Szene würde Ev zukünftig immer wieder vor- und zurückspulen. Doch niemals war sie sicher, ob sie etwas ändern würde.

Die Tür mit Aufschrift „Ankunft/ Arrival" öffnete sich. Nach und nach erschienen Menschen mit Koffern und Rucksäcken. Menschen, die fröhlich ihren Angehörigen zuwinkten; Menschen, die zielstrebig dem Hinweis „Taxi" oder den Symbolen Bahn/Bus/S-Bahn folgten; Menschen, die vorsichtig die ihnen entgegen gehaltenen Schilder studierten: Hotel Bahnglück, Reisegruppe Dertours, Wandergruppe Sauert.

Dann eine Einzelperson. Mama.

Knapp hinter ihr lief ein weiterer Einzeltourist. Ein Mann mittleren Alters. Seine Augen waren fest auf Mama geheftet – jedenfalls kam es Ev so vor.

Ihre Mutter sah forschend nach vorne, und Ev winkte ihr freudig zu. Wie schön, Mama wiederzusehen! Sie sah gut erholt aus und um Jahre verjüngt. Ev freute sich. Mama lächelte und winkte ebenfalls.

In diesem Moment rannte Frau Kleinschmitt auf die Angekommenen zu. Sie stieß Mama grob beiseite, umarmte den Mann hinter ihr und küsste ununterbrochen sein Gesicht. Der versuchte sie auf Abstand zu halten.

„Cecilia!" Ev hörte genau seinen flehentlichen Hilferuf, und auch Mama nahm ihn wahr. Jedenfalls drehte sie sich kurz um und zögerte. Dann aber schüttelte sie ihren

Kopf, straffte ihren Rücken, breitete ihre Arme aus und lief auf Ev zu.

Fest zog sie Ev in ihre Umarmung.

Mama! Tief atmete Ev den Duft ihrer lang vermissten Mutter ein. Wunderbar! Ihre Arme umschlangen Mama und sie drückte einen Kuss auf ihre Wange. Endlich! Endlich war Mama wieder da!

Aber in ihre Freude mischte sich ein Gefühl der Warnung. *Nur nicht falsch anfangen! Dann geht auch die Zukunft schief!*

„Nein Mama", sanft, aber bestimmt schob sie ihre Mutter von sich, „so wird das nichts. Ich bin nicht mehr fünf. Wir müssen uns zu unseren Wahrheiten bekennen. Das hier ist Noah. Ein guter Freund. Ein sehr guter."

Sie freute sich über das Lächeln in Noahs Gesicht. Aber Mama schien ratlos. Das hatte sie offenbar nicht erwartet. Sie schüttelte ihren Kopf und versuchte erneut, Ev zu umarmen.

Die wehrte ab. *Nur jetzt nichts falsch machen! Wir brauchen einen Neustart, kein Recyling des Alten.* Als Noah ihr aufmunternd zunickte, schöpfte sie neuen Mut: „Und da hinten stehen Papa und Imke. Sie gehören zusammen. Und du? Was willst du eigentlich wirklich – für dich? Du hast mir jahrelang eine falsche Geschichte vorgespielt!" Ihr Blick fiel auf den Mann hinter Mama. Der hatte sich von Frau Kleinschmitt befreit und versuchte die Hand ihrer Mutter zu ergreifen. „Cecilia! Bitte!" Mama wehrte ihn ab und versuchte Evs Arm zu streicheln.

Ev biss sich auf die Lippen, drehte sich um und zwang sich, im normalen Tempo zum Ausgang zu gehen. Nach zwanzig Metern rannte sie.

Nur weg! Nichts wie weg! Nie wieder diesen falschen Schein, diese Halbwahrheiten!

Draußen auf dem Parkplatz hockte sie sich auf den Rand eines Blumenbeets. Schüttelfrost lähmte sie, und ihr Tränenstrom ließ sich nicht eindämmen.

Hatte sie richtig gehandelt? Oder hatte sie die Beziehung zu ihrer Mutter riskiert?

Bitte nicht!

Ein warmer Atem in ihrem Nacken ließ sie ruhiger werden. Noah! Seine Hände legten sich auf ihre Schultern und stoppten das Zittern.

Durch ihre Tränen sah sie sein zustimmendes Lächeln.

„Das hast du gut gemacht. So kann es nicht weitergehen. Sie muss sich entscheiden."

Als sie sich umdrehte, sah sie, wie Papa und Imke auf Mama und den fremden Mann zugingen.

***

Am nächsten Tag fehlte Tobi unentschuldigt in der Schule. Das war noch nie passiert. Elisa, Tom und Ev warfen sich fragende Blicke zu. Dann fummelten sie alle unter ihren Tischen an ihren Handys. Hatte ihnen Tobi eine Nachricht geschickt?

Nein.

Doch bevor sie sich aufregen konnte, störte Noah den Matheunterricht. „Eh, Entschuldigung. Darf ich Eva-Maria kurz etwas geben?" Natürlich nickte Eggi zustimmend. Noah schob einen Gegenstand über den Tisch. Als seine Finger ihre berührten, fühlte Ev, wie sich ein Glücksgefühl in ihr ausbreitete.

„Hier. Das habe ich heute Morgen in meinem Briefkasten gefunden." Er schob ihr einen Schlüssel zu.

„Und diese Karte für dich!" Er lächelte sie aufmunternd an. „Sei nicht enttäuscht. Ich liege halt näher auf dem Weg zum Flughafen!"

Eggi räusperte sich, und Noah verschwand. Ev drehte die Karte und las: „Oma bittet dich, dass du ihre Blumen gießt. Denn Mama ist wieder auf einem Einsatz. Und Oma und ich fliegen gleich nach Spanien. Liebe Grüße Tobi."

„Viel Glück", flüsterte Ev. Elisa, Tom und sogar Eggi nickten zustimmend.

***

Auch in dieser Nacht wachte Ev wieder auf. Durch die vertrauten Geräusche. Papa holte sich etwas zu trinken aus der Küche. Mama musste auf die Toilette.

Es war wie früher. Gemeinsames Frühstück mit Papa und Mama. Gemeinsames Mittagessen. „Wie wäre es, wenn wir zusammen ins Museum gehen? Wir haben ja Urlaub."

Okay. Freizeit zusammen. Danach: Gemeinsames Abendessen. Gemeinsames Fernsehen.

Eine warme Wolke hüllte Ev ein. Eine rosa Wolke aus Fürsorglichkeit und Zärtlichkeit.

Leider fühlte sich das alles vollkommen falsch an.

Sie schrieb eine kurze Nachricht an ihre Eltern.

„Übernachte bei Brigitte und bleibe eine Weile dort. Brauche Abstand. Mit euch ist es so nicht okay. Wir können die Vergangenheit nicht zurückholen."

***

Die dritten Heimkehrer aus Spanien waren Opa Klaus und Opa Manfred. Sie hatten sich nicht vorher angekündigt. Ev fand das schade, sie hätte sie gern vom Flughafen abgeholt. Stattdessen erhielt sie einen Telefonanruf.

„Wir melden uns ganz traditionell zurück: telefonisch. Ja, uns geht es gut. Ja, es war schön in Spanien. Wir würden uns gern mit dir zum Frühstück treffen. Wir haben einen

Überraschungsgast. Einen netten. Du kannst gern auch eine Begleitung deiner Wahl mitbringen."

Ev musste nicht lange nachdenken.

Am nächsten Sonntag, pünktlich um 10.00 Uhr standen Noah und sie vor dem Seniorenheim. Sie hielt einen bunten Blumenstrauß in der Hand, Noah einen Blumentopf. „Mediterrane Kräuter", sagte er knapp, „immer frisch, wenn man selbst kocht."

Die Opas freuten sich über die Geschenke, besonders über Noahs. „Wie praktisch!"

Der Überraschungsgast war noch nicht da, aber sie begannen mit dem Frühstück, und die Opas beantworteten geduldig ihre Fragen.

Ja, sie hatten Brigitte und ihre Begleiterinnen, NaNe und Nahite zufällig in Granada getroffen. „Na ja, vielleicht war es auch kein Zufall. Alle deutschen Touristen unserer Generation schwärmen von der Utopie Al Andaluz. Kein Wunder, dass Brigitte die beiden jungen Damen dorthin gebracht hat."

Man war sich offensichtlich sympathisch. Jedenfalls waren sie zusammen weitergereist. Wie Opa Manfred und Opa Klaus es sich vorgenommen hatten (und wie möglicherweise Brigitte es auch für sich plante): Auf den Spuren von Evs Oma, Monika.

„Wir wussten ja einiges von Monika. Und auch Brigitte hatte Fotos."

In einem kleinen Bauerndorf hatten sie auf dem Friedhof ein Kreuz gefunden, das auf Carlos und seinen Sohn hindeutete. Als sie im Ort Fotos zeigten, wurden sie an eine Adresse verwiesen. Das alte Haus kam ihnen bekannt vor, die Frau nicht. Wie sich herausstellte, war sie eine Schwester von Carlos.

„Und dort …".

Es klopfte.

Opa Manfred öffnete und hinter Evs Rücken fand eine ausgiebige Begrüßung statt. Sie zuckte ein wenig, denn sie war sicher, die Stimme der Besucherin zu kennen. Die Stimme ihres Begleiters erkannte sie nicht, aber sie vermutete, wer es war.

Noah beobachtete sie aufmerksam und streichelte möglichst unauffällig ihre Hand.

„Emm", Opa Manfred zog die Frau auf einen Stuhl zwischen sich und Noah. „Das ist Cecilia. Unsere Tochter. Cecilia, das ist Noah, ein guter Freund von Eva-Maria, unserer großartigen Enkelin."

Als Mama und Noah sich kurz erhoben und sich förmlich zunickten, musste Ev wider Willen grinsen.

Doch dann wurde sie selbst gefordert. Ein mittelalter Mann mit Halbglatze und kleinem Bauchansatz wurde vor sie geschoben. Papa sah definitiv besser aus. Aber es ging hier nicht ums Aussehen. Sondern es ging ums Zusammenpassen.

„Eva-Maria, das ist Matthias. Ich denke, du weißt, wer er ist. Matthias, das ist Eva-Maria."

Überrascht nickte sie ihm kurz zu. War er unsympathisch? Nein, nicht er, sondern seine Mutter, Frau Kleinschmitt.

Oder vielleicht auch die nicht?

Verwirrt schüttelte Ev ihren Kopf. Vielleicht war auch Frau Kleinschmitt nur eine Frau, der nicht die Wahrheit erzählt worden war?

Ev warf einen kurzen Blick auf ihre Mutter, und deren Blick und Handflächen öffneten sich entschuldigend.

Okay, dachte sie, *eins zu null für die Opas. Sie haben es geschafft, uns zusammen zu bringen. Was nun?*

Die Opas bestanden darauf, dass das Frühstück „ohne Problemgespräche" eingenommen wurde. „Nur Konversation. Oder wie heißt das heutzutage? Small Talk."

Beim besten Willen konnte sich Ev jetzt keinen Small Talk mit ihrer Mutter vorstellen.

Das war auch nicht nötig, denn Noah schluckte kurz und hatte dann viele Fragen.

Was gefiel ihr am besten an Spanien? Gab es Regionen, die sie bevorzugte? Warum? Welches spanische Essen würde sie in Deutschland kochen? War das Wetter nicht zu heiß für sie?

Evs Mutter antwortete schnell und sicher. Ab und zu warf sie einen Blick auf ihre Tochter, aber als sie keine Resonanz erfuhr, konzentrierte sie sich voll und ganz auf Noah.

Opa Manfred und Opa Klaus kümmerten sich um Ev und Matthias.

„Schön, dass wir Missverständnisse ausräumen können. Dir ist klar, Ev, dass Matthias dich als eine feindliche Person wahrgenommen hat?"

Ungläubig schüttelte Ev ihren Kopf.

„Als die Person, die eine Verbindung zwischen sich und deiner Mutter blockierte?"

„Wie sollte ich? Ich wusste ja nichts von euch!" Ev war echt ärgerlich und schaute Matthias vorwurfsvoll an.

Matthias zögerte, dann nickte er kurz. „Ja, vielleicht. Du warst nicht direkt gegen unsere Verbindung. Aber indirekt. Du warst der Grund, warum deine Mutter sich nicht von deinem Vater trennen wollte."

Ev widersprach: „Mama hat mich nie gefragt! Sie hat mir nichts über eure Beziehung erzählt! Und auch nicht die Wahrheit über Papa und sich selbst! Wie kann ich also der Grund sein, dass ihr nicht zusammen seid?"

Matthias öffnete seinen Mund für ein Gegenargument, aber dann lenkte er ein: „Okay, das klingt plausibel. Ich muss drüber nachdenken."

Offensichtlich waren die Opas damit zufrieden. Sie warfen sich zustimmende Blicke zu und beschlossen dann, von ihren Spanien-Erfahrungen zu erzählen.

Ja, die jüngste Schwester von Opa Carlos, Evs Großtante Felicitas, war noch recht rüstig. Sie lebte allein in ihrem und Carlos´ Elternhaus, denn die vielen erwachsenen Kinder und Enkelkinder bevorzugten das Stadtleben. Besuch von einer jungen Verwandten, zum Beispiel einer Großnichte, wäre schön. Vor allem wäre es wichtig, die Beziehungen zu Deutschland wieder zu vertiefen.

Die Opas lächelten verschmitzt und aufmunternd zugleich.

Natürlich. Ev nickte. Ein plötzlicher Gedankenblitz zeigte ihr eine vorübergehende Lösung für ihre verfahrene Situation mit ihren Eltern. Eine Auszeit in Spanien. Hatte Noah ihr nicht häufig von einem Schuljahr im Ausland vorgeschwärmt? Ihr Herz pochte schneller.

Aber erstmal musste das Verhältnis zwischen ihr und ihrer Mutter geklärt werden. War jetzt der richtige Zeitpunkt?

Offenbar. Denn Opa Klaus räumte zusammen mit Noah geräuschlos ab, und Opa Manfred schob Mama und sie in einen hellen Erker mit drei Sesseln.

Er saß in der Mitte und ergriff Evs rechte und Mamas linke Hand.

„So", sagte er. „Meine Tochter und meine Enkelin. Die einzigen. Ihr seid uns sehr wichtig, Klaus und mir. Deshalb machen wir jetzt diesen Versuch."

Er räusperte sich, und Ev fühlte, wie eine weiche Welle all ihre Widerstände beiseite räumen wollte. Sie sträubte sich. Nein, auf keinen Fall! Zuerst musste Mama sich erklären.

Das hatte Mama offenbar verstanden.

Ihre Stimme klang heiser, als sie sich Ev zuwandte. „Wir haben Fehler gemacht, dein Papa und ich. Da sind wir uns einig. Wir hätten dir gleich die Wahrheit sagen müssen. Aber wir wollten dich schonen."

Ev und Opa Manfred nickten synchron.

„Ja, ja – wir verstehen jetzt, das war falsch. Wir alle brauchen die Wahrheit, wenn wir zukünftig ein gutes Leben führen wollen."

„Und – was ist die Wahrheit?" Ev hätte sich gewünscht, dass ihre Stimme weniger provokant klang.

Mama seufzte. „Es kann so nicht weitergehen."

Ironisch hauchte Ev: „Ach, nein? Merkst du das auch schon?" Sie hob dramatisch ihre Augenbrauen. Opa Manfred drückte warnend ihre Hand.

Okay, sie musste zurückhaltender mit Mama sein. Also nickte sie zustimmend und sagte: „Ja, okay. Was stellst du dir vor?"

Noch stellte sich Mama nichts Konkretes vor. Vielleicht ein gemeinsames Gespräch mit Papa und ihr?

Als Ev unmerklich ihren Kopf schüttelte, legte sie nach. Vielleicht eIn gemeinsames Gespräch mit Ev, Papa, ehhh ... Imke, ihr, und - als sie Evs Ablehnung bemerkte - ehhhh vielleicht auch Matthias?

„Ja", Ev stimmte sofort zu, „falls du dir mit Matthias einig bist."

Was hieß „einig"? Evs Mutter schien unsicher. „Natürlich sind wir uns einig, dass ihr vorgeht. Du und ... und ... seine Mutter."

Da rastete Ev aus: „Mama! Versteh doch: Du sollst keine Opfer für mich bringen! Das ist tödlich!"

Sie sah die Fassungslosigkeit im Blick ihrer Mutter, aber auch Opa Manfreds Zustimmung und seine sich mehrfach sanft nach unten bewegende Hand: „Piano! Langsam und leise! "

Irgendwie waren auch Noahs, Opa Klaus´ und Matthias` Gesichter ganz nahe und signalisierten völlige Übereinstimmung.

Ev atmete mehrfach aus. Dann sagte sie so ruhig wie möglich: „Ich bin sechzehn, ziemlich bald siebzehn. Ich möchte mein eigenes Leben führen. Ohne immer darauf Rücksicht nehmen zu müssen, ob es meiner Mutter gut oder schlecht geht."

Sie stockte, schöpfte Atem und sah ihre Mutter direkt an: „Ich finde, du musst selbst für dich sorgen. Und das tust du nicht, wenn du mich als Vorwand nimmst, nicht das zu tun, was du eigentlich willst."

Sie atmete schwer. Matthias, Opa Manfred und Opa Klaus nickten zustimmend. Noahs Hand drückte zärtlich ihre Schulter.

Der Mund ihrer Mutter klappte auf und zu.

„Heißt das – ich meine, möglicherweise möchte ich vielleicht … ja, eventuell möchte ich, ich meine, vielleicht möchte ich mit … mit Matthias zusammen leben. Eventuell. Aber: Könntest du dir das … ich meine, wäre das vielleicht okay für dich?"

Wegen dieser sprachlichen Verrenkungen konnte Ev Noahs Grinsen förmlich im Nacken spüren. Auch sie musste lächeln.

„Na klar", sagte sie. „Endlich die Wahrheit. Auf dieser Grundlage ist jede Lösung möglich."

Opa Manfred drückte die Hände von Tochter und Enkelin gleichzeitig, und Opa Klaus klapperte gerührt mit dem Geschirr.

***

Die nächsten Rückkehrer ließen sich Zeit. Aber dann erhielten sie eine unübliche Aufmerksamkeit.

„Ganz großer Bahnhof", flüsterte Opa Klaus anerkennend in Opa Manfreds Ohr, als er sich auf dem Flughafen umsah.

Im Ankunftsbereich warteten nicht nur sie beide und ihre Familie - und die hatte sich in den letzten Wochen enorm vergrößert: Evs Vater mit Imke, Cecilia und Matthias und dazwischen, wie ein kleiner Puffer oder wie ein Verbindungsstück, Ev und Noah.

Hinter ihnen in der zweiten Reihe Elisa und Tom, Daniel, weitere Mitglieder von S4N mit bunten Blumen. Ganz nah bei Daniel stand NaNes Mutter, umringt von Nahis Familie. Daneben NaNes Vater mit einem Riesenschild: „Willkommen zurück!" Ev war froh, ihn zu sehen.

Aber das war noch nicht alles. Tobis Mutter hatte ihr Kamerateam mitgebracht, und schien mehr dienstlich hier zu sein als privat. Sie interviewte gerade eine Frau. „Die Chefin der Ausländerbehörde", bemerkte Ev halblaut.

Offenbar gab es auch weitere Pressevertreter von Tageszeitungen. Sie fotografierten dezent aus dem Hintergrund. Aber ihre Bitte um ein Gespräch lehnten Ev, Noah und Daniel ab. Jederzeit konnte die Tür aufgehen, und sie wollten auf jeden Fall ihre Freundinnen als erste begrüßen. Doch vielleicht war es für Nahi wichtig, wenn die Presse über sie und ihre Probleme mit der Ausländerbehörde berichtete? Ev wandte sich hilfesuchend an Elisa und Tom. „Könntet ihr vielleicht...?"

Ja, sie konnten. Gerne. Am liebsten gemeinsam mit Sefi. Denn der war ja nicht nur der Superheld von Großlützenburg, sondern auch Nahis Bruder.

Dann öffnete sich das Gate und sie alle wurden auf eine harte Geduldsprobe gestellt. Ev hatte den Eindruck, dass tausende Touristen herausströmten, aber nicht die sehnlichst Erwarteten. Ein kurzer Blick auf Tobis Mutter zeigte ihr, dass diese ihre Kamera entspannt auf den Boden hielt, stattdessen aber ihr Handy kontaktierte. Besprach sie etwa mit Brigitte den besten Pressemoment? Ev trauten den beiden diese Taktik zu.

Daniel hinter ihr starrte gebannt aufs Gate. Wie würde NaNe ihn begrüßen? Freundlich? Sowieso. Aber das war nicht, was er sich wünschte. Verständnisvoll – konnte sie all seine Sorgen nachvollziehen? Ja, aber was er sich eigentlich wünschte: Liebevoll. Würde sie ihn liebevoll begrüßen?

Irgendwo hüpfte Maham angespannt von einem Bein aufs andere. In ihren Händen hielt sie etwas Unverfängliches: ein selbstgemaltes Katzenbild mit Unterschrift: *„Minka vreut sich dol. Ganau wie wir."* Aber um ihren Hals hing ein selbstgebasteltes Herz. Mit zwei ineinander verschlungenen Ringen. Als Ev kurz hinschaute, zeigte sie ihr etwas verschämt die Rückseite: *Nahite und Tobias. Forevver.*

Zustimmend hob Ev zwei Daumen und nickte ihr zu. Wieder durchströmte sie die Sehnsucht nach dem ungeborenen Geschwisterchen.

Sie wurde aus ihren Gedanken gerissen, als sie aus dem Off eine Gitarre zu hören meinte. Und eine wunderbare Frauenstimme. Noah stieß sie sanft an. „Die kennen wir doch!", flüsterte er überrascht.

Dann Leere, keine weiteren Touristen mehr. Hatten die sehnlichst Erwarteten den Flug verpasst? Enttäuscht wollte sich Ev gerade abwenden, als Daniels Kinn unauffällig auf Tobis Mutter deutete. Sie hielt voll konzentriert ihre Kamera auf den Ausgang, und die Journalisten beendeten rasch ihr Interview mit Elisa, Tom und Sefi.

Das Baby fing gerade an zu schreien, als sich die Tür nochmal öffnete. Schnell huschte Brigitte heraus, warf ihrer filmenden Tochter eine kurze Kusshand zu und stellte sich direkt neben Nahis Eltern.

Ev fühlte, wie sich ihr Körper anspannte und Noah neben ihr tief die Luft einsog. Dann kamen sie. Zu dritt in einer Reihe: NaNe, Nahi und Tobi.

Tobi und Nahi hielten sich an der Hand und blieben demonstrativ etwas zurück. NaNe umarmte als erstes Ev, sehr fest und scheinbar endlos. „Danke", flüsterte sie. „Danke, danke, danke! Und es tut mir leid, dass ich nicht offen sein konnte."

Ev drückte genauso fest zurück.

Dann löste sich NaNe von ihr und wandte sich an Daniel. „Auch dir absoluten Dank! Ohne dich hätte ich es nicht geschafft!" Im Vorbeigehen knuffte sie Daniel kurz in den Bauch. „See you soon! And alone!" Ihr Blick strahlte ihn an und ihre Hände formten ein kleines Herz. Daniel seufzte glücklich.

Als sich NaNe beinahe zögernd ihrer Mutter näherte, stürzte diese auf sie zu und riss sie in ihre Arme. „NaNe! Gott sei Dank! Nun ist alles gut. Es tut mir so leid! Natürlich behält dein Vater das Sorgerecht!"

NaNe küsste ihre Mutter und wandte sich dann lächelnd an ihren Vater: „Ich bin so froh, dass du da bist." Der drückte sie fest an sich.

Nach einem kurzen Moment winkte NaNe ihre Mutter heran, und ihre Arme umschlossen beide Eltern. „Bitte!" flüsterte sie. „Bitte vergesst nie: Ihr seid meine Eltern. Natürlich könnt ihr eure getrennten Wege gehen. Aber was mich betrifft, da müsst ihr beide gleichberechtigt für mich da sein."

Zuletzt kamen Nahi und Tobi. Nahi umklammerte Tobis Hand und ging zielstrebig auf ihre Eltern zu. Ev meinte zu spüren, dass Nahi zitterte. Doch offenbar hatte sie sich einen Plan genau überlegt. Bevor ihre Eltern sie umarmen konnten, schob sie ihnen Tobi entgegen und sprach klar und deutlich. „Das ist Tobias." Sefi übersetzte sofort. „Er ist mein bester Freund. Bitte akzeptiert unsere Freundschaft."
Ihre Eltern zogen sie weinend in ihre Arme, und auch Nahi musste schluchzen. Maham grinste glücklich und streichelte abwechselnd den Rücken ihrer Schwester und Tobis Arm. Sefi knuffte Tobi freundschaftlich gegen die Schulter. Nur das Baby schlief unbeeindruckt im Kinderwagen.
Als nach endloser Zeit Nahis Eltern Tobi freundlich zunickten und ihm ihre Hände entgegen streckten, kam die größte Überraschung.
„Oh happy day!"
Gitarre, eine klare Stimme und dann ein Chor. Rhythmisches Klatschen.
„Oh happy day!" Wie aus dem Nichts tauchten Mizan und Samson auf, hinter ihnen einige farbige Freunde.
„Oh happy day!" Touristen blieben stehen und lächelten. Offenbar fand hier eine Art Familienzusammenführung statt. Mit toller Musik.
Super. Elisa und Tom nickten ihnen aufmunternd zu.
„Come on!" Die beiden klatschten rhythmisch und stimmten in den Chor ein, und viele Touristen folgten ihnen.
„Oh happy day!"

Gerührt wischten sich die Opas und auch Brigitte wischten kleine Tränen aus den Augen.
Noahs und Evs Hände umschlossen sich fest.

Bei *TwentySix* sind von Ute Vogell unter dem Autorennamen **Ulla Wokkel** folgende Bücher für Erwachsene
erschienen:
Blüten gucken auf Malle (Neuauflage im Novum Verlag unter
dem Namen Ute Vogell)
Der bessere Luther

Für Kinder gibt es die „Domi-Reihe":
Domi und die Höhle der schwarzen Drachen (Neuauflage
im Novum Verlag unter dem Namen Ute Vogell)
Domi und das Grab des minoischen Fürsten
Domi und die Kette der Zarin
Domi und der Robohai

Und außerdem:
Emma, Kalypso und der Katzenfisch

www. utevogell.de

Ute Vogell freut sich über **Feedback:**
ute-buch@utevogell.de